한 번에 끝내는

일본어

초중급

KB082816

한 번에 끝내는 일본어 초중급

초판인쇄	2020년 3월 2일
지은이	정복임, 박은숙, 김귀자
펴낸이	임승빈
편집책임	정유항, 최지인
편집진행	이승연
디자인	다원기획
일러스트	이나영
마케팅	염경용, 이동민, 임원영, 김소연
펴낸곳	ECK북스
주소	서울시 구로구 디지털로 32가길 16, 401 [08393]
대표전화	02-733-9950
팩스	02-723-7876
홈페이지	www.eckbook.com
이메일	eck@eckedu.com
등록번호	제 25100 - 2005 - 000042호
등록일자	2000. 2. 15
I S B N	978-89-92281-95-9
정가	15,000원

이 도서의 국립중앙도서관 출판예정도서목록(CIP)은 서지정보유통지원시스템 홈페이지(http://seoji.nl.go.kr)와 국가자료공동목록시스템 (http://www.nl.go.kr/kolisnet)에서 이용하실 수 있습니다. (CIP제어번호 : CIP2020008027)

한 번에 끝내는

일본어

초중급

− 정복임, 박은숙, 김귀자 지음 −

 **지은이의 말**

일본어에 대한 관심은 시간이 흐를수록 높아지고 있는 반면, 정작 혼자서 일본어를 공부할 때, 체계적인 단계를 밟지 못해 중간에 포기하는 학습자들이 많습니다.

『한 번에 끝내는 일본어 초중급』은 초급 단계를 거쳐, 다음 단계로 올라가기 위한 여러분의 고민에 도움이 되고자 쉽고 체계적이며, 자연스럽게 중급으로 올라갈 수 있는 발판이 되도록 준비했습니다.

1. 초급을 기초로 한 단계별 학습 문형 수록

초급에서 배운 내용을 바탕으로 쉽고 체계적인 핵심 문형과 다양한 예문을 수록하여 중급으로 가는 부담감을 줄였습니다.

2. 일상생활에서 접할 수 있는 회화문과 기본 문형에 대한 풍부한 예문 수록

일본어를 혼자 공부할 때 가장 큰 어려움은 일본어를 문장체로만 외우기 때문에 실생활에 활용하기 힘들다는 점입니다. 이를 보완하기 위해 상황을 설정한 후, 자연스러운 대화 형식을 보여줌으로써 일상생활에 바로 사용할 수 있도록 준비했습니다.

3. 말하기, 듣기, 쓰기 능력을 배양할 수 있도록 반복 단어 사용

일본어 능력 시험을 대비하기 위한 준비로, 본문과 연습문제에서 제시된 단어들을 시험에서 출제 빈도가 높은 단어들로 배열했습니다. 또한, 학습 능력을 높이기 위해 반복적인 단어를 사용했습니다.

『한 번에 끝내는 일본어 초중급』은 다년간에 걸친 강의 노하우로, 학습자들에게 필요한 핵심 표현과 문형만을 쉽고 간략하게 정리하여 구성했습니다. 특히, 대화문의 다양한 상황들을 통해 실생활에서 바로 적용할 수 있으며, 반복 단어 사용으로 자연스럽게 단어와 표현을 익힐 수 있습니다.

본 교재가 일본어를 다져가는 학습자들에게 많은 도움이 되기를 바랍니다.

끝으로 항상 큰 틀을 잡아주시는 ECK교육 임승빈 대표님과 교재 편집에 도움을 주신 이승연 실장님께 감사 인사를 전합니다. 또한, 이 책이 나오기까지 소중한 의견을 주신 많은 분께도 감사드립니다.

저자 일동

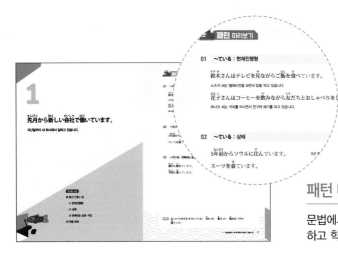

패턴 미리보기

문법에서 다루는 핵심 패턴을 미리 확인
하고 학습 내용을 파악합니다.

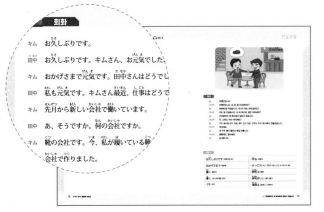

회화

다양한 주제별 대화문으로 생활 표현을
알아보고 **MP3**를 통해 원어민 발음을 익
혀봅니다.

문법

초중급 단계에서 알아야 할 핵심 문법과
문형을 다양한 예문과 함께 알아봅니다.

말하기·듣기·쓰기 연습

말하기 연습 : 빈칸 채워 문장 완성하기, 주어진 형식에 맞게 문장 쓰기 등의 문제를 풀어봅니다.

듣기 연습 : MP3 파일을 듣고 빈칸 채우기, 내용에 맞는 그림 고르기 문제를 풀어봅니다.

쓰기 연습 : 우리말을 일본어 문장으로 적어 봅니다.

일본의 이모저모

일본의 인사 표현과 새해 인사말, 식사 예절과
주의 사항 등을 알아봅니다.

  MP3 다운로드 방법

본 교재의 MP3 파일은 www.eckbooks.kr에서 무료로 다운로드 받을 수 있습니다.
QR 코드를 찍으면 다운로드 페이지로 이동합니다.

 **목차**

1

先月から新しい会社で働いています。

<ruby>先<rt>せん</rt></ruby><ruby>月<rt>げつ</rt></ruby>から<ruby>新<rt>あたら</rt></ruby>しい<ruby>会<rt>かい</rt>社<rt>しゃ</rt></ruby>で<ruby>働<rt>はたら</rt></ruby>いています。

지난달부터 새 회사에서 일하고 있습니다.

 **패턴** 미리보기

01 ～ている : 현재진행형

鈴木さんはテレビを見ながらご飯を食べています。

스즈키 씨는 텔레비전을 보면서 밥을 먹고 있습니다.

花子さんはコーヒーを飲みながら友だちとおしゃべりをしています。

하나코 씨는 커피를 마시면서 친구와 얘기를 하고 있습니다.

02 ～ている : 상태

5年前からソウルに住んでいます。 5년 전부터 서울에 살고 있습니다.

スーツを着ています。 정장을 입고 있습니다.

03 ～ている : 반복되는 습관·직업

銀行に勤めています。 은행에서 근무하고 있습니다.

学校に通っています。 학교에 다니고 있습니다.

·단어· おしゃべりをする 얘기하다, 수다 떨다 住む 살다 着る 입다 勤める 근무하다
通う 다니다

キム お久しぶりです。

田中 お久しぶりです。キムさん、お元気でしたか。

キム おかげさまで元気です。田中さんはどうでしたか。

田中 私も元気です。キムさん最近、仕事はどうですか。

キム 先月から新しい会社で働いています。

田中 あ、そうですか。何の会社ですか。

キム 靴の会社です。今、私が履いている靴もうちの

会社で作りました。

田中 かっこういいですね。

キム 新しい靴の評判が良くて毎日忙しいです。

田中 よかったですね。お仕事頑張ってください。

キム ありがとうございます。

김	오랜만입니다.
다나카	오랜만입니다. 김 씨, 잘 지내셨어요?
김	덕분에 잘 지냈습니다. 다나카 씨는 어떠셨어요?
다나카	저도 잘 지냈습니다. 김 씨 최근에, 일은 어떠세요?
김	지난달부터 새 회사에서 일하고 있습니다.
다나카	아, 그래요. 무슨 회사예요?
김	구두 회사입니다. 지금, 제가 신고 있는 구두도 우리 회사에서 만들었습니다.
다나카	멋지네요.
김	새 구두 평이 좋아서 매일 바쁩니다.
다나카	잘됐네요. 힘내세요.
김	감사힙니다.

새단어

□ お久しぶりです 오랜만입니다	□ 作る 만들다
□ おかげさまで 덕분에	□ かっこういい 멋있다 (かっこいい라고도 씀)
□ 働く 일하다	□ 評判 평, 평판
□ 履く 신다 (하의를 입다)	□ 評判がいい 평이 좋다
□ うち 우리	□ 頑張る 힘내다, 노력하다

1 동사 て형 いる

(1) 현재진행형

'～하고 있다'라는 의미로 어떤 동작이 반복되어 계속 중인 것을 나타냅니다.

田中さんは音楽を聞いています。	다나카 씨는 음악을 듣고 있습니다.
今、雨が降っていますか。	지금, 비가 오고 있습니까?
食堂でご飯を食べています。	식당에서 밥을 먹고 있습니다.

(2) 상태

'～이 되어 있다, ～한 채이다'라는 의미로 동작의 결과가 일정 시간 유지되는 것을 나타냅니다.

赤い靴を履いています。	빨간 구두를 신고 있습니다.
私は結婚しています。	나는 결혼했습니다.
田中先生を知っていますか。	다나카 선생님을 알고 있습니까?

(3) 반복되는 습관·직업

'항상 반복적으로 ～하다'라는 의미로 반복되는 습관이나 직업을 나타냅니다.

毎朝6時半に起きています。	매일 아침 6시 반에 일어나고 있습니다.
銀行に勤めています。	은행에 근무하고 있습니다.
学校に通っています。	학교에 다니고 있습니다.

단어 音楽 음악　聞く 듣다　降る 내리다　食堂 식당　赤い 빨갛다　靴 구두　結婚 결혼
知る 알다　毎朝 매일 아침　半 반

2 착용 표현

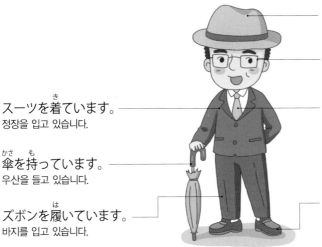

帽子^{ぼうし}をかぶっています。
모자를 쓰고 있습니다.

めがねをかけています。
안경을 끼고 있습니다.

スーツを着^きています。
정장을 입고 있습니다.

ネクタイを締^しめています。
(ネクタイをしています。)
넥타이를 매고/하고 있습니다.

傘^{かさ}を持^もっています。
우산을 들고 있습니다.

ズボンを履^はいています。
바지를 입고 있습니다.

靴^{くつ}を履^はいています。
구두를 신고 있습니다.

> **잠깐** 액세서리는 모두 する 동사를 사용합니다.
>
> 時計^{とけい}をしています。 시계를 하고 있습니다.
>
> ネックレスをしています。 목걸이를 하고 있습니다.

● 여러 옷들의 명칭

ズボン	半^{はん}そで	スカート	スーツ	ジャンパー
바지	반팔	치마	정장	점퍼

ブラウス	そでなし	スニーカー	靴^{くつ}	靴下^{くつした}
블라우스	민소매	운동화	구두	양말

> **단어** 帽子^{ぼうし} 모자　かぶる 뒤집어쓰다　めがね 안경　かける 걸다　締^しめる 매다, 죄다　傘^{かさ} 우산
> 持^もつ 들다, 가지다　アクセサリーをする 액세서리를 하다　時計^{とけい} 시계　ネックレス 목걸이

1 〈보기〉와 같이 제시어를 이용하여 질문에 답한 후, 읽어 보세요.

· 보기 ·

テレビを見る / お菓子を食べる

A: 何をしていますか。

B: テレビを見ながらお菓子を食べています。

(1) 本を読む / レポートを書く

A: 何をしていますか。

B: ＿＿＿＿＿＿＿＿＿ながら＿＿＿＿＿＿＿＿ています。

(2) たばこを吸う / 歩く

A: 何をしていますか。

B: ＿＿＿＿＿＿＿＿＿ながら＿＿＿＿＿＿＿＿ています。

(3) コーヒーを飲む / おしゃべりをする

A: 何をしていますか。

B: ＿＿＿＿＿＿＿＿＿ながら＿＿＿＿＿＿＿＿ています。

★ 발음 체크 🎧 01-2

2 〈보기〉와 같이 제시어를 이용하여 대화를 완성한 후, 읽어 보세요.

·보기·

何をする / 椅子に座る

A: 何をしていますか。

B: 椅子に座っています。

(1) 何を着る / スカートを履く

A: _____ いますか。

B: _____ います。

(2) どこに住む / 韓国のソウルに住む

A: _____ いますか。

B: _____ います。

(3) 何を持つ / 傘を持つ

A: _____ いますか。

B: _____ います。

★ 발음 체크 🎧 01-3

·단어· お菓子 과자   たばこ 담배   吸う 피우다   椅子 의자   座る 앉다   持つ 가지다, 들다

3 〈보기〉와 같이 제시어를 이용하여 질문에 답한 후, 읽어 보세요.

> ·보기·
>
> まいあさ じ
> 毎朝 7 時
>
> A: なんじ じ お
> 何時に起きますか。
>
> B: まいあさ じ お
> 毎朝7時に起きています。

(1) ぎんこう つと
銀行に勤める

A: し ごと なん
お仕事は何ですか。

B: _____ 。

(2) かよ
ジムに通う

A: さいきんなに
最近何をしますか。

B: _____ 。

(3) まいしゅう え か
毎週絵を描く

A: しゅうまつなに
週末何をしますか。

B: _____ 。

★ 발음 체크 🎧 01-4

·단어· まいあさ
毎朝 매일 아침   お
起きる 일어나다   ジム 제육관   まいしゅう
毎週 매주   え
絵 그림   か
描く 그리다
しゅうまつ
週末 주말

4 그림을 보고 문장을 완성한 후, 읽어 보세요.

(1) 赤い帽子を_____。
<small>あか</small> <small>ぼうし</small>

(2) 半そでのＴーシャツを_____。
<small>はん</small>

(3) ズボンを_____。

(4) スニーカーを_____。

(5) ネックレスを_____。

★ 발음 체크 🎧 01-5

1 녹음을 듣고 빈칸을 적어 보세요.　　　　　　　　🎧 01-6

(1) ご飯を＿＿＿＿＿＿＿　テレビを＿＿＿＿＿＿＿＿＿。

(2) 田中さんは銀行に＿＿＿＿＿＿＿＿＿＿＿＿＿。

(3) キムさんは＿＿＿＿＿＿＿＿＿＿＿＿＿＿＿。

(4) ＿＿＿＿＿＿＿＿＿＿＿7時に＿＿＿＿＿＿＿＿。

2 녹음을 듣고 내용에 맞는 그림을 찾아보세요.　　　　🎧 01-7

(1) ＿＿＿＿＿　(2) ＿＿＿＿＿　(3) ＿＿＿＿＿　(4) ＿＿＿＿＿

①

②

③

④

단어 公園 공원　走る 달리다　料理 요리　椅子 의자　座る 앉다

다음 우리말을 일본어로 적어 보세요.

1 지금, 무엇을 하고 있습니까?

_____ 。

2 일본에 살고 있습니다.

_____ 。

3 체육관에 다니고 있습니다.

_____ 。

4 산책하면서 전화를 하고 있습니다.

_____ 。

5 안경을 쓰고 있습니다.

_____ 。

• 단어 • 散歩する 산책하다

2

このペン、使ってもいいですか。

이 펜, 사용해도 되겠습니까?

01　～てもいいです(か)　: ～해도 됩니다(까?)

早く帰ってもいいですか。　　　　　　빨리 돌아가도 됩니까?

ここでお菓子を食べてもいいですか。　여기에서 과자를 먹어도 됩니까?

02　～てはいけません　: ～하면 안 됩니다

ここで写真を撮ってはいけません。　　여기에서 사진을 찍으면 안 됩니다.

危ないですから、走ってはいけません。　위험하니까 달리면 안 됩니다.

03　～てから　: ～하고 나서

よく調べてから買います。　　　　　　잘 조사하고 나서 삽니다.

手を洗ってからご飯を食べます。　　　손을 씻고 나서 밥을 먹습니다.

04　～てみる　: ～해 보다

ネットで調べてみてください。　　　　인터넷에서 조사해 주세요.

友だちと一緒に行ってみます。　　　　친구와 함께 가 보겠습니다.

·단어　早く 빨리, 일찍　帰る 돌아가다, 돌아오다　写真 사진　撮る 찍다　危ない 위험하다
調べる 조사하다　買う 사다　手 손　洗う 씻다　ネット 인터넷

キム 鈴木さん、このペン、使ってもいいですか。

鈴木 そのペンは山本さんのだから、

山本さんに聞いてから使ってください。

キム はい、わかりました。山本さんに聞いてみます。

山本さんはどこにいますか。

鈴木 あそこでレポートを書いています。

キム どうも、ありがとうございます。

山本さん、このペン、借りてもいいですか。

山本 どうぞ、使ってください。

キム ありがとうございます。

使ってからすぐ返します。

해석

김	스즈키 씨, 이 펜, 사용해도 될까요?
스즈키	그 펜 야마모토 씨 거라, 야마모토 씨한테 물어보고 쓰세요.
김	네, 알겠습니다. 야마모토 씨한테 물어보겠습니다.
	야마모토 씨 어디에 있습니까?
스즈키	저기에서 리포트를 쓰고 있네요.
김	감사합니다.
	야마모토 씨, 이 펜, 빌려도 될까요?
야마모토	네, 사용하세요.
김	감사합니다.
	사용하고 바로 돌려 드릴게요.

새단어

_{つか} □ 使う 사용하다	_か □ 借りる 빌리다
_き □ 聞く 듣다, 묻다	□ すぐ 바로
□ レポート 보고서	_{かえ} □ 返す 돌려주다

1 동사 て형+も+いいです(か) : ~해도 됩니다(까?)

허가를 나타내는 표현입니다. 「동사의 て형」에 「~もいいです(か)」 붙여, 허락하거나 허가를 구할 때 사용합니다. 허락할 때는 「はい、~てもいいです」, 「はい、どうぞ / はい、~てください」 등을 사용하고, 허락하지 않는 경우에는 「いいえ、~ては いけません / いいえ、だめです」라고 직접적으로 표현하거나, 「すみません、それは ちょっと…。」 등으로 완곡해서 답하는 경우도 있습니다.

このペンを使ってもいいですか。　　　　이 펜 사용해도 됩니까?

はい、どうぞ。　　　　네, 사용하세요.

ここでたばこを吸ってもいいですか。　　여기서 담배 피워도 됩니까?

いいえ、禁煙ですから、吸ってはいけません / だめです。

금연이기 때문에 피워서는 안됩니다/안됩니다.

2 동사 て형+は+いけません : ~하면 안 됩니다

금지를 나타내는 표현입니다. 비슷한 표현으로는 「だめです」가 있습니다. 회화체에서는 「~ては」의 축약형인 「ちゃ」를 이용해 「~ちゃいけません / ~ちゃだめです」를 자주 사용합니다.

授業中に電話をしてはいけません。　　　수업 중에 전화를 해서는 안 됩니다.

お酒を飲んではいけません。　　　　　술을 마시면 안 됩니다.

(お酒を飲んではだめです / お酒はだめです。)

[잠깐] 명사의 경우, 「명사 +は だめです(명사는 안 됩니다)」를 사용하기도 합니다.

[・단어] 禁煙 금연　　授業中 수업 중　　だめだ 안 된다

3 동사 て형+から : ~하고 나서

「동사의 て형」 뒤에 「から」를 붙인 형태로, 동작 사이의 시간적 순서를 강조할 때 사용합니다. 「동사의 て형」 부분이 시간상으로 먼저 행해지는 동작을 나타냅니다.

手を洗ってからご飯を食べます。　　　　　손을 씻고 나서 밥을 먹습니다.

水を飲んでからトイレに行きます。　　　　물을 마시고 나서 화장실에 갑니다.

仕事が終わってから友だちに会いに行きます。

일이 끝나고 나서 친구를 만나러 갑니다.

4 동사 て형+みる : ~해 보다

무언가를 알기 위해서 시험 삼아 해 보는 것을 나타내는 표현입니다. 이 경우, 「동사의 て형」 다음에 오는 「みる」는 항상 히라가나로 씁니다.

友だちと一緒に行ってみます。　　　　　친구와 함께 가 보겠습니다.

一人でやってみます。　　　　　　　　혼자서 해 보겠습니다.

私も読んでみたいです。　　　　　　　저도 읽어 보고 싶습니다.

> 잠깐　동사의 て형+来る/行く : ~하고 오다/가다
>
> 本を持って来ました。　　　책을 가지고 왔습니다.
>
> ご飯を食べて行きました。　밥을 먹고 갔습니다.

> 단어　水 물　飲む 마시다　トイレ 화장실　仕事 일　終わる 끝나다, 끝내다
> 　　　友だちに 会う 친구를 만나다　一緒に 함께　やる 하다　本 책　持つ 들다, 가지다
> 　　　来る 오다

1 〈보기〉와 같이 제시어를 이용하여 질문에 답한 후, 읽어 보세요.

· 보기 ·

パソコンを使^{つか}う

A: パソコンを使^{つか}ってもいいですか。

B1: はい、使^{つか}ってもいいです(どうぞ)。

B2: いいえ、使^{つか}ってはいけません。

(1) ここで写真^{しゃしん}を撮^とる

A: _____。

B1: はい、_____。

B2: いいえ、_____。

(2) 中^{なか}に入^{はい}る

A: _____。

B1: はい、_____。

B2: いいえ、_____。

★ 발음 체크 🎧 02-2

· 단어 · 中^{なか} 안 　入^{はい}る 들어가다

2 〈보기〉와 같이 제시어를 이용하여 질문에 답한 후, 읽어 보세요.

·보기·

うんどう
運動をする

きのう　し　ごと　　お　　　　なに
A: 昨日仕事が終わって何をしましたか。

し　ごと　　お　　　　　　うんどう　　い
B: 仕事が終わってから運動に行きました。

とも　　　えい が　　み
(1) 友だちと映画を見る

きのう　し　ごと　　お　　　　なに
A: 昨日仕事が終わって何をしましたか。

B: _____ 。

ひとり　　　　さけ　　の
(2) 一人でお酒を飲む

きのう　し　ごと　　お　　　　なに
A: 昨日仕事が終わって何をしましたか。

B: _____ 。

か　　もの
(3) 買い物をする

きのう　し　ごと　　お　　　　なに
A: 昨日仕事が終わって何をしましたか。

B: _____ 。

★ 발음 체크 🎧 **02-3**

·단어· うんどう
運動をする 운동을 하다　　か　もの
買い物をする 쇼핑을 하다

3 〈보기〉와 같이 제시어를 이용하여 문장을 완성한 후, 읽어 보세요.

· 보기 ·

① 食_たべる　　②おいしい　　③田中さんの手作_{てづく}り

A:①私_{わたし}も食_たべてみてもいいですか。

B:はい、どうぞ。

A:②おいしいですね。

B:③田中さんの手作_{てづく}りです。

A:そうですか。

(1)　①見_みる　　②かわいい　　③田中さんの息子_{むすこ}さん

(2)　①やる　　②おもしろい　　③人気_{にんき}のゲーム

(3)　①使_{つか}う　　②便利_{べんり}だ　　③ロボット掃除機_{そうじき}

(4)　①乗_のる　　②すてきだ　　③父_{ちち}の車_{くるま}

★ 발음 체크 🎧 02-4

· 단어 ·　手作_{てづく}り 수제　息子_{むすこ} 아들　人気_{にんき} 인기　便利_{べんり}だ 편리하다　ロボット 로봇　掃除機_{そうじき} 청소기
乗_のる 타다　すてきだ 멋지다

4 〈보기〉와 같이 제시어를 이용하여 문장을 완성한 후, 읽어 보세요.

> **·보기·**
>
> ① ここでたばこを吸^すう　　② いいえ、だめです　　③ 禁煙^{きんえん}だ
>
> A: ① ここでたばこを吸^すってもいいですか。
>
> B: ② いいえ、だめです。
>
> A: どうしてですか。
>
> B: ③ 禁煙^{きんえん}だからです。

(1) ① ここに車^{くるま}を止^とめる　　② すみません、ちょっと…。
　　③ 駐車場^{ちゅうしゃじょう}じゃない

(2) ① このカタログをもらう　　② すみません、ちょっと…。
　　③ 余分^{よぶん}がない

(3) ① 運転^{うんてん}しながら電話^{でんわ}をする　　② いいえ、だめです。
　　③ 危^{あぶ}ない

(4) ① ここで写真^{しゃしん}を撮^とる　　② いいえ、だめです。
　　③ 撮影禁止^{さつえいきんし}だ

★ 발음 체크 🎧 02-5

·단어· 止^とめる 세우다　駐車場^{ちゅうしゃじょう} 주차장　カタログ 카탈로그　もらう 받다, 가지다　余分^{よぶん} 여분
危^{あぶ}ない 위험하다　撮影禁止^{さつえいきんし} 촬영 금지

1 녹음을 듣고 빈칸을 적어 보세요.　　🎧 02-6

(1) ご飯を＿＿＿＿＿＿＿＿コーヒーを飲みます。

(2) ちょっと＿＿＿＿＿＿＿いいですか。

(3) 授業中、＿＿＿＿＿＿＿＿＿＿＿＿。

(4) ＿＿＿＿＿＿＿＿＿＿ください。

2 녹음을 듣고 빈칸에 알맞은 내용을 찾아보세요.　　🎧 02-7

· 보기 ·

① まだ、仕事があります　　② 寒いです

③ 私のじゃないです　　④ 暗いです

(1) これを使ってもいいですか。

すみません、＿＿＿＿＿＿＿＿＿＿＿＿から…。

(2) うちへ帰ってもいいですか。

すみません、＿＿＿＿＿＿＿＿＿＿＿＿から…。

· 단어 · まだ 아직　暗い 어둡다

다음 우리말을 일본어로 적어 보세요.

1 가게 앞이니까, 차를 세우면 안 됩니다.

_____ 。

2 공원에서 도시락을 먹어도 됩니까?

_____ 。

3 저도 만들어 보았습니다.

_____ 。

4 손을 씻고 나서 밥을 먹습니다.

_____ 。

5 사진을 한 장씩 가져와 주세요.

_____ 。

·단어· 店^{みせ} 가게   前^{まえ} 앞   お弁当^{べんとう} 도시락   枚^{まい} 장   ～ずつ ～씩

3

カラオケに行ったことがありますか。

(일본) 노래방에 간 적이 있습니까?

01 ~たことがあります(ありません) : ~한 적이 있습니다(없습니다)

ダイエットをしたことがあります。 　다이어트를 한 적이 있습니다.

一度だけ行ったことがあります。 　딱 한 번 가 본 적이 있습니다.

一度も会ったことがありません。 　한 번도 만난 적이 없습니다.

02 ~たり~たりする : ~하거나 ~하거나 합니다

週末、友だちに会ったり、休んだりします。 　주말에, 친구를 만나거나, 쉬거나 합니다.

デパートで買い物をしたり、食事をしたりします。

백화점에서 쇼핑을 하거나, 식사를 하거나 합니다.

昨日は友だちとコーヒーを飲んだり、おしゃべりをしたりしました。

어제는 친구와 커피를 마시거나, 얘기를 하거나 했습니다.

03 ~た後で : ~한 후(한 뒤)에

昨日買いものをした後で家へ帰りました。

어제 쇼핑을 한 후에 집에 돌아갔습니다.

運動した後でシャワーを浴びます。 　운동을 한 후에 샤워를 합니다.

仕事が終わった後で飲みに行きました。 　일이 끝난 후에 마시러 갔습니다.

단어 ダイエット 다이어트　一度だけ 딱 한 번　一度も 한 번도　休む 쉬다　デパート 백화점
食事をする 식사를 하다　シャワーを浴びる 샤워를 하다

회화 03-1

鈴木　金曜日会議が終わった後で新入社員の歓迎会があります。

キム　そうですか。歓迎会では何をしますか。

鈴木　新入社員が自己紹介をしたり、お酒を飲んだりします。歓迎会が終わってから2次会にも行きます。

キム　2次会ではどこに行きますか。

鈴木　お酒を飲みに行ったり、カラオケに行ったりします。キムさんはカラオケに行ったことがありますか。

キム　はい。歌が好きで、学生時代にはよくカラオケに行きました。

鈴木　どんな歌を歌いましたか。

キム　ラップをよく歌いました。

鈴木　キムさんかっこいいですね。ぜひ聞いてみたいですね。

36　한 번에 끝내는 **일본어** 초중급

스즈키   금요일 회의가 끝난 후에 신입사원 환영회가 있습니다.
김   그래요. 환영회에서는 무엇을 합니까?
스즈키   신입사원이 자기소개를 하거나, 술을 마시거나 합니다.
          환영회가 끝나고 나서 2차도 갑니다.
김   2차로 어디에 가나요?
스즈키   술을 마시러 가거나, 노래방에 가거나 합니다.
          김 씨도 노래방에 간 적이 있습니까?
김   네. 노래를 좋아해서, 학생 때는 자주 노래방에 갔었습니다.
스즈키   어떤 노래를 불렀나요?
김   랩을 자주 불렀습니다.
스즈키   김 씨 멋지네요. 꼭 들어보고 싶네요.

새단어

かいぎ 会議 회의	うた 歌う 노래를 부르다
しんにゅうしゃいん 新入社員 신입사원	す 好きだ 좋아하다
かんげいかい 歓迎会 환영회	がくせいじだい 学生時代 학생 시절
じこしょうかい 自己紹介 자기소개	どんな 어떤
じかい 2次会 2차	ラップ 랩(rap)
うた 歌 노래	ぜひ 꼭

1 동사 た형

동사에 「た」또는 「だ」를 붙이면 '~했다'라는 뜻의 과거형을 나타냅니다. 「동사의 た」형은 「て형」을 만드는 방법과 같습니다. 「て형」의 「て、で」를 「た、だ」로 바꾸면 됩니다.

		동사	て형 (~하고 / ~해서)	た형 (~했다)
1그룹	う、つ、る →った	洗う 씻다	洗って	洗った
		待つ 기다리다	待って	待った
		乗る 타다	乗って	乗った
	ぬ、む、ぶ →んだ	死ぬ 죽다	死んで	死んだ
		読む 읽다	読んで	読んだ
		遊ぶ 놀다	遊んで	遊んだ
	く → いた	磨く 닦다	磨いて	磨いた
		※行く 가다	行って	行った
	ぐ → いだ	泳ぐ 헤엄치다	泳いで	泳いだ
	す → した	話す 말하다	話して	話した
2그룹	る → た	覚える 기억하다	覚えて	覚えた
		着る 입다	着て	着た
		食べる 먹다	食べて	食べた
3그룹	불규칙	来る 오다	来て	来た
		する 하다	して	した

2 동사 た형+ことがあります(ありません) : ~한 적이 있습니다(없습니다)

과거에 경험한 일을 말할 때 사용합니다. 경험의 내용을 「동사의 た형＋こと: ~한 적」으로 나타냅니다.

日本に行ったことがあります。　　　　　일본에 간 적이 있습니다.

一度もうそをついたことがありません。　한 번도 거짓말을 한 적이 없습니다.

3 ～たり～たりする : ~하거나 ~하거나 합니다

여러 동작을 열거할 때 사용합니다. 시제는 맨 마지막의 する를 가지고 나타냅니다. 「～た り」는 동사의 「～た형＋り」를 붙인 표현입니다.

暇な時は音楽を聞いたり本を読んだりします。

한가할 때는 음악을 듣거나 책을 읽거나 합니다.

昨日は掃除をしたり洗濯をしたりしました。

어제는 청소를 하거나 빨래를 하거나 했습니다.

4 동사 た형+後で : ~한 후(한 뒤)에

어떤 동작을 완료한 후에 다음 동작이 일어난다는 표현입니다.

ご飯を食べた後でコーヒーを飲みます。　　밥을 먹은 후에 커피를 마십니다.

仕事が終わった後で運動に行きます。　　　일이 끝난 후에 운동하러 갑니다.

[잠깐] 「명사+の+後で」도 같은 의미로 사용됩니다.

仕事の後で運動に行きます。 일이 끝난 뒤에 운동하러 갑니다.

[단어] うそをつく 거짓말을 하다　　暇だ 한가하다　　洗濯をする 세탁을 하다

1 〈보기〉와 같이 질문에 답한 후, 읽어 보세요.

·보기·

A: 富士山_{ふじさん}に登_{のぼ}ったことがありますか。

B1: はい、<u>登_{のぼ}ったことがあります</u>。

B2: いいえ、<u>一度_{いちど}も登_{のぼ}ったことがありません</u>。

(1) A: すし食_たべ放題_{ほうだい}に行_いったことがありますか。

B1: はい、_____。

B2: いいえ、_____。

(2) A: 日本_{にほん}の家_{うち}に泊_とまったことがありますか。

B1: はい、_____。

B2: いいえ、_____。

★ 발음 체크 🎧 03-2

·단어· ～に登_{のぼ}る ～에 오르다　食_たべ放題_{ほうだい} 뷔페, 무한리필　～に泊_とまる ～에 묵다

2 〈보기〉와 같이 그림을 보고 문장을 완성한 후, 읽어 보세요.

· 보기 ·

A: 週末は何をしますか。
しゅうまつ　なに

B: 本を読んだり音楽を聞いたりします。
ほん　よ　　おんがく　き

(1)

A: 週末は何をしますか。
しゅうまつ　なに

B: _____ 。

(2)

A: 週末は何をしますか。
しゅうまつ　なに

B: _____ 。

★ 발음 체크 🎧 03-3

3 〈보기〉와 같이 제시어를 이용하여 문장을 완성한 후, 읽어 보세요.

・보기・

ご飯を食べました / コーヒーを飲みました

A: ご飯を食べた後で何をしましたか。
B: ご飯を食べた後でコーヒーを飲みました。

(1) ご飯を食べました / 歯を磨きました

A: _____ 後で何をしましたか。

B: _____ 。

(2) 掃除をしました / ビールを飲みながらテレビを見ました

A: _____ 後で何をしましたか。

B: _____ 。

(3) 運動をしました / シャワーを浴びました

A: _____ 後で何をしましたか。

B: _____ 。

★ 발음 체크 🎧 03-4

・단어・ 歯 이   磨く 닦다

4 〈보기〉와 같이 제시어를 이용하여 문장을 완성한 후, 읽어 보세요.

> ·보기·
>
> ① KTXに乗る　　　　② 速い
>
> A: ①KTXに乗った ことがありますか。
>
> B: はい、あります。
>
> A: どうでしたか。
>
> B: ②速かったです。

(1) ① 温泉に入る　　　　② 気持ちいい

(2) ① 着物を着る　　　　② きれいだ

(3) ① フランスに行く　　　　② すてきだ

(4) ① 芸能人に会う　　　　② ドキドキする

★ 발음 체크 🎧 03-5

· 단어 ·　速い 빠르다　気持ちいい 기분 좋다　芸能人 연예인　ドキドキする 두근거리다

1 녹음을 듣고 빈칸을 적어 보세요. 🎧 03-6

(1) ＿＿＿＿＿＿＿＿＿＿ アメリカに ＿＿＿＿＿＿＿＿＿＿＿ 。

(2) 週末はいつも洗濯をしたり ＿＿＿＿＿＿＿＿＿ 。

(3) ＿＿＿＿＿＿＿＿＿＿＿＿ 友だちに会いに行きます。

(4) 昨日は ＿＿＿＿＿＿＿＿＿＿＿＿＿＿ 。

2 녹음을 듣고 내용에 맞는 그림을 찾아보세요. 🎧 03-7

(1) ＿＿＿＿＿ (2) ＿＿＿＿＿ (3) ＿＿＿＿＿ (4) ＿＿＿＿＿

① ② ③ ④

⑤ ⑥ ⑦ ⑧

단어 ごろごろする 빈둥거리다 ゆっくり 푹, 천천히 休みの日 쉬는 날

다음 우리말을 일본어로 적어 보세요.

1 한 번도 영국에 간 적이 없습니다.

_____ 。

2 어제는 친구와 영화를 본 뒤에 밥을 먹었습니다.

_____ 。

3 집에서 빈둥거리거나 텔레비전을 보거나 합니다.

_____ 。

4 일본사람과 일본어로 말한 적이 있습니다.

_____ 。

5 일이 끝난 뒤에 운동을 합니다.

_____ 。

•단어• イギリス 영국

4

お風呂に入らないでください。

<ruby>風<rt>ふ</rt></ruby><ruby>呂<rt>ろ</rt></ruby> <ruby>入<rt>はい</rt></ruby>

목욕하지 말아 주세요.

01 ～ないで : ～하지 않고 / ～하지 않은 채로

電気を消さないで出かけました。 불을 끄지 않고 나왔습니다.

手を洗わないでご飯を食べました。 손을 씻지 않고 밥을 먹었습니다.

飲み会に行かないで家へ帰りました。 회식에 가지 않고 집에 돌아갔습니다.

02 ～なくて : ～하지 않아서

ご飯を食べなくてお腹が空きました。 밥을 먹지 않아서 배가 고픕니다.

買いものをしなくて食べ物がありません。 쇼핑을 하지 않아서 먹을 것이 없습니다.

朝コーヒーを飲まなくて眠いです。 아침에 커피를 마시지 않아서 졸립니다.

03 ～ないでください : ～하지 마세요/마십시오

大丈夫ですから心配しないでください。 괜찮으니까 걱정하지 마세요.

ここで写真を撮らないでください。 여기에서 사진을 찍지 마세요.

危ないですから、走らないでください。 위험하니까, 달리지 마세요.

- 단어 -
消す 끄다　出かける 외출하다, 나가다　飲み会 회식　お腹 배　空く 속이 비다
お腹が空く 배가 고프다　眠い 졸리다　心配する 걱정하다

医者 どうしましたか。

キム きのうの晩から頭が痛くて、寒気がします。

鼻水と咳も止まらないです。

医者 ちょっと診てみましょう。風邪ですね。

2，3日無理しないでゆっくり休んでください。

薬もちゃんと飲んでください。

それから風邪が治るまではお風呂に入らないでください。

キム はい。わかりました。

医者 お大事に。

キム どうもありがとうございました。

해석

의사	어떻게 오셨습니까?
김	어젯밤부터 머리가 아프고, 몸이 으슬으슬 춥습니다.
	콧물하고 기침도 멈추질 않습니다.
의사	좀 봐 봅시다. 감기네요.
	2, 3일 무리하지 마시고 푹 쉬어 주세요. 약도 제대로 드세요.
	그러고 나서 감기가 나을 때까지 목욕하지 마세요.
김	네. 알겠습니다.
의사	몸조리 잘하세요.
김	감사합니다.

새단어

どうしましたか 어떻게 오셨습니까?	む り 無理する 무리하다
ばん 晩 밤	くすり 薬 약
さむ け 寒気がする 오한이 들다	ちゃんと 제대로
はなみず 鼻水 콧물	それから 그리고 나서
せき 咳 기침	なお 治る 낫다
と 止まる 멈추다	ふ ろ はい お風呂に入る 목욕하다
み 診る 진찰하다	だい じ お大事に 몸조리 잘하세요

1 동사 ない형

「ない」에 연결하는 형태를 「ない형」이라고 합니다. 앞에서 배운 부정 정중체인 「~ません」의 보통체로 '~하지 않는다', '~하지 않을 것이다'로 해석됩니다. 활용 방법은 다음과 같습니다.

1그룹 : 어미 う단 → あ단+ない (＊ 단, う로 끝나는 동사는 わ+ない)		
行^いく 가다	行^いか+ない	→ 行^いかない
話^{はな}す 말하다	話^{はな}さ+ない	→ 話^{はな}さない
待^まつ 기다리다	待^また+ない	→ 待^またない
読^よむ 읽다	読^よま+ない	→ 読^よまない
入^{はい}る 들어가다	入^{はい}ら+ない	→ 入^{はい}らない
遊^{あそ}ぶ 놀다	遊^{あそ}ば+ない	→ 遊^{あそ}ばない
急^{いそ}ぐ 서두르다	急^{いそ}が+ない	→ 急^{いそ}がない
＊ 会^あう 만나다	会^あわ+ない	→ 会^あわない
2그룹 : 어미 る를 지우고+ない		
着^きる (옷을) 입다	着^き+ない	→ 着^きない
食^たべる 먹다	食^たべ+ない	→ 食^たべない
見^みる 보다	見^み+ない	→ 見^みない
3그룹 : 불규칙 활용		
来^くる 오다	来^こない	
する 하다	しない	

2 **(부정의 연결) ~ないで** : ~하지 않고 / ~하지 않은 채로

「동사의 ない형＋ないで」는 '~하지 않고, ~하지 않은 채로'의 의미로 '~하고, ~한 채로'
라는 て형의 부정 연결이라고 생각하면 됩니다.

疲(つか)れて洗(あら)わないで寝(ね)ました。　　　　　　피곤해서 씻지 않고(않은 채로) 잤습니다.

毎日(まいにち)、ご飯(はん)を食(た)べないで会社(かいしゃ)へ行(い)きます。　　매일 아침을 먹지 않고 회사에 갑니다.

3 **(부정의 원인·이유) ~なくて** : ~하지 않아서

「동사의 ない형＋なくて」는 '~하지 않아서'의 의미로 부정의 원인·이유를 나타냅니다.

バスがなかなか来(こ)なくて遅刻(ちこく)しました。　　버스가 좀처럼 오지 않아서 지각했습니다.

ご飯(はん)を食(た)べなくてお腹(なか)が空(す)きました。　　밥을 먹지 않아서 배가 고팠습니다.

> **잠깐** 단, 명사와 형용사는 「~なくて」로만 '~하지 않고/~하지 않아서'의 의미로 모두 사용되기 때문에 문맥에 맞
> 게 해석해야 합니다.

4 **동사 ない형+ないでください** : ~하지 마세요/마십시오

상대방에게 어떤 행동을 하지 말 것을 지시하거나 의뢰할 때 사용합니다.

大丈夫(だいじょうぶ)ですから、心配(しんぱい)しないでください。　　괜찮으니까, 걱정하지 마세요.

危(あぶ)ないですから、走(はし)らないでください。　　위험하니까, 달리지 마세요.

> **단어** 疲(つか)れる 피곤하다　　なかなか+부정 좀처럼 ~하지 않다　　遅刻(ちこく)する 지각하다

1 〈보기〉와 같이 질문에 답한 후, 읽어 보세요.

·보기·

A: 明日学校へ行きますか。(土曜日だ)

B: ううん、土曜日だから行かないです。

(1) A: あの服を買いますか。(高い)

B: ううん、＿＿＿＿＿＿＿＿＿＿＿＿＿＿＿＿＿＿＿＿。

(2) A: 友だちに会いますか。(時間がない)

B: ううん、＿＿＿＿＿＿＿＿＿＿＿＿＿＿＿＿＿＿＿＿。

(3) A: 部屋の掃除をしますか。(きれいだ)

B: ううん、＿＿＿＿＿＿＿＿＿＿＿＿＿＿＿＿＿＿＿＿。

(4) A: 山に登りますか。(大変だ)

B: ううん、＿＿＿＿＿＿＿＿＿＿＿＿＿＿＿＿＿＿＿＿。

★ 발음 체크 🎧 04-2

·단어· 服 옷　部屋 방　大変だ 힘들다

2 〈보기〉와 같이 제시어를 이용하여 문장을 완성한 후, 읽어 보세요.

・보기・

ご飯を食べる / 会社へ行く

➡ ご飯を食べないで会社へ行きますした。

(1) レポートを書く / 寝る

➡ _____ 。

(2) 砂糖を入れる / コーヒーを飲む

➡ _____ 。

(3) 図書館に行く / 家で勉強をする

➡ _____ 。

(4) 手を洗う / ご飯を食べる

➡ _____

★ 발음 체크 🎧 04-3

・단어・ 砂糖 설탕　入れる 넣다

3 〈보기〉와 같이 제시어를 이용하여 문장을 완성한 후, 읽어 보세요.

> **· 보기 ·**
>
> ご飯を食べる / お腹が空く
>
> ➡ ご飯を食べなくてお腹が空きました。

(1) 洗濯をする / タオルがない

➡ _____。

(2) 買いものをする / 食べ物がない

➡ _____。

(3) 勉強をする / テストが難しい

➡ _____。

(4) コーヒーを飲む / ずっと眠い

➡ _____

★ 발음 체크 🎧 04-4

단어) タオル 타올   ずっと 쭉, 계속   眠い 졸리다

4

〈보기〉와 같이 제시어를 이용하여 문장을 완성한 후, 읽어 보세요.

・보기・

① ここに車を止める　　② 店の前　　③ 止める

A: ①ここに車を止めてもいいですか。

B: すみません。

②店の前ですから③止めないでください。

(1) ① ここでたばこを吸う　　② 禁煙　　③ 吸う

(2) ① ここで写真を撮る　　② 禁止　　③ 撮る

(3) ① ここに入る　　② 立入禁止　　③ 入る

(4) ① ここで走る　　② 危ない　　③ 走る

★ 발음 체크 🎧 04-5

1 녹음을 듣고 빈칸을 적어 보세요. 🎧 04-6

(1) 今日は昼ご飯を_____。

(2) 忙しいですから、_____会社へ行きました。

(3) _____風邪が治りません。

(4) ここで_____。

2 녹음을 듣고 〈보기〉와 같이 내용에 맞는 그림을 찾아보세요. 🎧 04-7

〈보기〉

買い物をしなくて食べものがないです。(③ → ④)

(1) ___ → ___   (2) ___ → ___   (3) ___ → ___

① ② ③ ④

⑤ ⑥ ⑦ ⑧

단어 汚い 더럽다

다음 우리말을 일본어로 적어 보세요.

1 위험하니까 뛰지 말아 주세요.

_____ 。

2 손을 씻지 않고 밥을 먹었습니다.

_____ 。

3 괜찮으니까 걱정하지 마세요.

_____ 。

4 공부를 하지 않아서 테스트가 너무 어려웠습니다.

_____ 。

5 청소를 하지 않아서 방이 더럽습니다.

_____ 。

5

食べなくてもいいです。

먹지 않아도 괜찮습니다.

01 **〜なければなりません(か)** : 〜지 않으면 안 됩니다(까?) / 〜야만 합니다(까?)

今日は早く帰らなければなりません。

오늘은 일찍 돌아가지 않으면 안 됩니다.

休みじゃないから、会社に行かなければなりません。

쉬는 날이 아니니까, 회사에 가야만 합니다.

早く寝なければなりませんか。　　　　　　빨리 자야만 합니까?

ルールを守らなければなりませんか。　　　룰을 지켜야만 합니까?

02 **〜なくてもいいです(か)** : 〜지 않아도 괜찮습니다(까?) / 〜지 않아도 됩니다(까?)

休みですから、早く起きなくてもいいです。

쉬는 날이니까, 빨리 일어나지 않아도 괜찮습니다.

キムさんが行きましたから、行かなくてもいいです。

김 씨가 갔으니까, 가지 않아도 괜찮습니다.

明日掃除をするから、今日はしなくてもいいですか。

내일 청소할 거니까, 오늘은 하지 않아도 괜찮습니까?

無理して食べなくてもいいですか。

무리해서 먹지 않아도 괜찮습니까?

・단어 休み 휴일　ルール 룰, 규칙　守る 지키다

キム　田中さん、あまり食べないですね。

　　　どこか体の具合でも悪いですか。

田中　最近、胃の調子がよくないです。

キム　それじゃ、無理して食べなくてもいいですよ。

田中　でも、キムさんの手作りの韓国料理はおいしいから、

　　　食べたいです。

キム　また、作りますから、無理しないでください。

鈴木　じゃ、今日は私が田中さんの分まで食べなければ

　　　なりませんね。

田中　お願いします。

김	다나카 씨, 별로 드시지 않네요.
	어디 안 좋으세요?
다나카	최근에, 위 상태가 좋지 않아서요.
김	그럼, 무리해서 드시지 않아도 됩니다.
다나카	그래도, 김 씨가 만든 한국요리는 맛있어서, 먹고 싶어요.
김	또, 만들 테니까, 무리하지 마세요.
스즈키	그럼, 오늘은 제가 다나카 씨 몫까지 먹어야겠네요.
다나카	부탁해요.

새단어

あまり 별로, 그다지	悪(わる)い 나쁘다
どこか 어딘가	最近(さいきん) 최근
体(からだ) 몸	胃(い) 위
具合(ぐあい) 상태	調子(ちょうし) 상태
でも ~라도	分(ぶん) ~몫, 분

体(からだ)の具合(ぐあい)が悪(わる)いです 몸 상태가 안 좋아요(컨디션이 좋지 않아요)

1 동사 ない형+なければなりません(か)

: ~지 않으면 안 됩니다(까?) / ~야만 합니다(까?)

의지와 상관없이 해야만 하는 일이나 의무를 나타낼 때 사용합니다.「~なくてはいけない」등도 같은 의미로 사용됩니다.

この薬を飲まなければなりません。	이 약을 먹지 않으면 안 됩니다.
今日は早く帰らなければなりません。	오늘은 일찍 돌아가야만 합니다.
パスポートを見せなくてはいけません。	패스포트(여권)를 보여줘야만 합니다.
早く帰らなきゃ(なくちゃ)!	일찍 돌아가지 않으면!

> **잠깐** 早く帰らなきゃ(なくちゃ)! : 일찍 돌아가지 않으면!
> 회화체에서는 흔히「なければ＝なきゃ、なくては＝なくちゃ」의 형태로 줄여서 씁니다.

い형용사에는「く」에 이어지고, な형용사와 명사에는「では・じゃ」에 이어서 씁니다.

広くなければなりません。	넓어야만 합니다.
簡単じゃなければなりません。	간단해야만 합니다.
今日じゃなければなりません。	오늘이어야만 합니다.

단어 パスポート 여권   見せる 보여주다   簡単だ 간단하다

2 동사 ない형+なくてもいいです(か)

: ~지 않아도 괜찮습니다(까?) / ~지 않아도 됩니다(까?)

어떤 동작을 할 필요가 없다는 의미를 나타냅니다. 「~なくてもかまわない」를 쓰기도 합니다.

ペンで書かなくてもいいです。

펜으로 쓰지 않아도 괜찮습니다.

今日は夜遅くまで仕事をしなくてもいいです。

오늘은 밤늦게까지 일하지 않아도 됩니다.

土曜日ですから、会社に来なくてもいいです。

토요일이기 때문에 회사에 오지 않아도 괜찮습니다.

い형용사에는「く」에 이어지고, な형용사와 명사에는「では・じゃ」에 이어서 씁니다.

広くなくてもいいです。　　　　　　넓지 않아도 괜찮습니다.

簡単じゃなくてもいいです。　　　　간단하지 않아도 괜찮습니다.

今日じゃなくてもいいです。　　　　오늘이 아니어도 괜찮습니다.

(今日じゃなくてもかまいません。)　오늘이 아니어도 상관없습니다.

단어　夜 밤　遅くまで 늦게까지

 **말하기** 연습

1 〈보기〉와 같이 제시어를 이용하여 대화를 완성한 후, 읽어 보세요.

· 보기 ·

ペンで書く

A: ペンで書かなければなりませんか。

B₁: はい、書かなければなりません。

B₂: いいえ、書かなくもいいです。

(1) 毎日勉強をする

A: _____。

B₁: はい、_____。

B₂: いいえ、_____。

(2) 30分ずつ歩く

A: _____。

B₁: はい、_____。

B₂: いいえ、_____。

★ 발음 체크 🎧 05-2

· 단어 · ずつ ~씩　歩く 걷다

2 〈보기〉와 같이 제시어를 이용하여 대화를 완성한 후, 읽어 보세요.

> **・보기・**
>
> 勉強をする
>
> A : 明日テストですから、勉強をしなければなりません。
>
> B : はい、わかりました。

(1) タバコをやめる

A : 体に悪いですから、＿＿＿＿＿＿＿＿＿＿＿＿＿＿＿＿＿。

B : はい、わかりました。

(2) ダイエットをする

A : 急に5キロも太りましたから、＿＿＿＿＿＿＿＿＿＿＿＿。

B : はい、わかりました。

(3) 資料をまとめる

A : 4時から会議ですから、＿＿＿＿＿＿＿＿＿＿＿＿＿＿＿。

B : はい、わかりました。

★ 발음 체크 🎧 05-3

・단어・ やめる 그만두다, 끊다　体に悪い 몸에 나쁘다　急に 갑자기　太る 살찌다　資料 자료

まとめる 정리하다, 모으다

3 〈보기〉와 같이 제시어를 이용하여 문장을 완성한 후, 읽어 보세요.

・보기・

① 明日会社に行く ② 休みだ

A: ①明日会社に行かなくてもいいですか。

B: はい、いいです。

A: どうしてですか。

B: ②休みだからです。

(1) ① 今晩料理をする ② 外で食べる

(2) ① 飲み物を買う ② 家にたくさんある

(3) ① 今日までレポートを出す ② 来週までだ

(4) ① 明日ネクタイをする ② カジュアルデーだ

★ 발음 체크 🎧 05-4

・단어・ 今晩 오늘 밤　外 밖　飲み物 음료　たくさん 많이　出す 내다, 제출하다

カジュアルデー 캐주얼데이 (casual day)

1 녹음을 듣고 빈칸을 적어 보세요. 🎧 05-5

(1) 明日は＿＿＿＿＿＿＿ですか。

(2) 4時まで＿＿＿＿＿＿＿。

(3) 勉強頑張ら＿＿＿＿＿＿＿。

(4) ＿＿＿＿＿＿＿。

2 녹음을 듣고 내용에 맞는 그림을 찾아보세요. 🎧 05-6

(1) ＿＿＿＿   (2) ＿＿＿＿   (3) ＿＿＿＿   (4) ＿＿＿＿

①

②

③

④

⑤

⑥

· 단어 · 発表 발표   いっぱい 가득, 많이

다음 우리말을 일본어로 적어 보세요.

1 쓰레기는 쓰레기통에 버려야만 합니다.

_____。

2 약은 먹지 않아도 괜찮습니다.

_____。

3 오늘은 일찍 돌아가지 않으면….

_____。

4 내일은 7시에 일어나야만 합니다.

_____。

5 무리해서 먹지 않아도 괜찮습니다.

_____。

단어 ごみ 쓰레기 ごみ箱 쓰레기통 捨てる 버리다 無理する 무리하다

すみません。 미안합니다? 감사합니다?

일본어의 대표적인 사과 표현으로 「すみません」이 있습니다.

「すみません」은 '미안합니다'라는 사과 표현 외에도 감사의 마음을 나타내거나 다른 사람을 부를 때 또는 말을 걸 때도 사용합니다. 예를 들어, 누군가 여행을 다녀오며 작은 선물을 사 왔을 때, 일본 사람들은 「ありがとうございます」보다 「すみません」 으로 감사의 표현을 대신하기도 합니다. 여행까지 가서 선물을 준비하는 과정에서 본 인에게 신경을 쓰게 했다고 생각하기 때문입니다. 이처럼, 일본에서는 다른 사람에게 무엇인가 수고를 끼치거나 배려를 받았다는 생각이 들면, 「すみません」으로 감사의 마음을 전하는 경우가 많습니다.

「すみません」이란 표현에는 '미안합니다'와 '감사합니다'의 의미가 같이 공존한다고 이해할 수 있습니다.

すみません。

6

友だちが誕生日のプレゼントをくれました。

친구가 생일 선물을 주었습니다.

01 あげる / 〜てあげる : ~을 주다 / ~해 주다

私は友だちにプレゼントをあげました。　　　　나는 친구에게 선물을 주었습니다.

田中さんは吉田さんに誕生日のケーキをあげました。

다나카 씨는 요시다 씨에게 생일 케이크를 주었습니다.

私は家族にクリスマスカードを書いてあげました。

나는 가족에게 크리스마스 카드를 써 주었습니다.

02 くれる / 〜てくれる : ~을 주다 / ~해 주다

姉は私に靴をくれました。　　　　　　　　언니는 나에게 구두를 주었습니다.

鈴木さんは妹にお菓子をくれました。　　　　스즈키 씨는 여동생에게 과자를 주었습니다.

友だちは私にケーキを作ってくれました。　　친구는 나에게 케이크를 만들어 주었습니다.

03 もらう / 〜てもらう : ~을 받다 / ~해 받다

妹は鈴木さんにお菓子をもらいました。　　　여동생은 스즈키 씨에게 과자를 받았습니다.

私は姉に靴をもらいました。　　　　　　　나는 언니에게 구두를 받았습니다.

私は友だちにケーキを作ってもらいました。　친구가 나에게 케이크를 만들어 주었습니다.

・단어 姉 언니, 누나　　妹 여동생

鈴木　イさん、お誕生日おめでとうございます。

　　　これ、つまらないものですが、お誕生日のプレゼントです。

イ　　どうも、ありがとうございます。

鈴木　きのうの誕生日は何をしましたか。

イ　　家族と友だちが一緒に誕生日を祝ってくれました。

鈴木　誕生日のプレゼントももらいましたか。

イ　　友だちにケーキを作ってもらって、

　　　家族にカードを書いてもらいました。

鈴木　人気者は違いますね。うらやましいです。

イ　　とんでもないです。

해석

<u>스즈키</u>	이 씨, 생일 축하해요.
	이거, 별거 아닌데요. 생일 선물이에요.
이	감사합니다.
<u>스즈키</u>	어제 생일은 뭐 했습니까?
이	가족이랑 친구들이 함께 생일을 축하해 주었어요.
<u>스즈키</u>	생일 선물도 받았어요?
이	친구가 케이크를 만들어 주고, 가족이 카드를 써 주었어요.
<u>스즈키</u>	인기인은 다르네요. 부러워요.
이	천만에요.

새단어

▫ おめでとうございます 축하합니다	▫ ^{ちが}違う 다르다
▫ つまらないものですが 별거 아닙니다만 (선물 등을 건넬 때 쓰는 말)	
▫ ^{いわ}祝う 축하하다	▫ うらやましい 부럽다
▫ ^{にん き もの}人気者 인기인	▫ とんでもないです 천만에요, 당치도 않아요.

1 あげる

● **AはBに ～をあげる** : A(나, 타인)는 B(타인)에게 ～을 주다

나 또는 타인이 타인에게 물건을 주는 경우에 사용하는 수수표현입니다.

私は友だちにプレゼントをあげました。　　　나는 친구에게 선물을 주었습니다.

田中さんは吉田さんに誕生日のケーキをあげました。

다나카 씨는 요시다 씨에게 생일 케이크를 주었습니다.

2 くれる

● **AはBに ～をくれる** : A(타인)는 B(나, 가족, 동료 등)에게 ～을 주다

다른 사람이 나 또는 가족, 동료에게 물건을 주는 경우에 쓰는 수수표현입니다.

姉は私に靴をくれました。　　　　　　　언니는 나에게 구두를 주었습니다.

鈴木さんは妹にお菓子をくれました。　　스즈키 씨는 여동생에게 과자를 주었습니다.

3 もらう

● **AはBに/から ～をもらう** : A(나, 타인)는 B(타인)에게/부터 ～을 받다

다른 사람에게 물건을 받는 경우에 사용하는 수수표현입니다. 주는 주체에는 조사 「に」
또는 「から」(회사, 학교 등 단체일 경우)를 붙입니다.

妹は鈴木さんにお菓子をもらいました。　　여동생은 스즈키 씨에게 과자를 받았습니다.

昨日会社からボーナスをもらいました。　　어제 회사에서 보너스를 받았습니다.

4 동사 て형+あげる/くれる/もらう

「あげる」, 「くれる」, 「もらう」는 물건을 주고받을 때 또는 어떤 동작을 해주고 받는 경우에
도 사용합니다. 「동사 ～て형」에 이어서 쓰고, 용법은 물건을 주고받을 때와 같습니다.

(1) **～てあげる** : (내가 타인에게 / 타인이 타인에게) ～해 주다

　　나 또는 타인이 타인에게 어떤 행위를 해 주었을 때 사용하는 표현입니다.

　　私は家族にクリスマスカードを書いてあげました。

　　나는 가족에게 크리스마스 카드를 써 주었습니다.

　　田中さんは花子にコーヒーを買ってあげました。

　　다나카 씨는 하나코에게 커피를 사 주었습니다.

(2) **～てくれる** : (타인이 나에게 / 타인이 내 쪽 사람에게) ～해 주다

　　나 또는 나와 가까운 사람에게 다른 사람이 어떤 행위를 해주었을 때 쓰는 표현입니다.
　　이때 행위를 받는 사람이 '나'일 때는 흔히 「私に」를 생략합니다.

　　田中さんは私に花束を送ってくれました。　　　다나카 씨는 나에게 꽃다발을 보내 주었습니다.

　　友だちは私にケーキを作ってくれました。　　　친구는 나에게 케이크를 만들어 주었습니다.

(3) **～てもらう** : (내가 타인에게 / 타인이 타인에게) ～해 받다

　　어떤 행위를 해서 받는 것을 나타내는 표현입니다. 직역해서 '～해 받다'라고 하면 어색
　　한 경우가 많으므로, 「～てくれる」와 마찬가지로 '～해 주다'라고 해석할 수 있습니다.

　　(私は) 田中さんに花束を送ってもらいました。　　다나카 씨가 꽃다발을 보내 주었습니다.

　　(私は) 友だちにケーキを作ってもらいました。　　친구가 케이크를 만들어 주었습니다.

> **단어**　花束 꽃다발　　送る 보내다, 바래다주다

1 〈보기〉와 같이 문장을 완성한 후, 읽어 보세요.

· 보기 ·

私(わたし) → 田中(た なか)さん (コーヒー)

➡ 私(わたし)は田中さんにコーヒーをあげました。

(1) 山田(やま だ)さん → ひろしさん (プレゼント)

➡ _____ 。

(2) 私(わたし) → 妹(いもうと) (服(ふく))

➡ _____ 。

(3) 妹(いもうと) → 弟(おとうと) (映画(えい が)のチケット)

➡ _____ 。

★ 발음 체크 🎧 06-2

· 단어 · チケット 티켓

2 〈보기〉와 같이 그림을 보고 문장을 완성한 후, 읽어 보세요.

> **・보기・**

田中さんは妹にコーヒーをくれました。

妹は田中さんにコーヒーをもらいました。

田中さん → 妹
(コーヒー)

(1)

山田さん → 私
（ネクタイ）

_____。

_____。

(2)

スミスさん → 妹
（ワイン）

_____。

_____。

★ 발음 체크 🎧 06-3

3 〈보기〉와 같이 제시어를 이용하여 대화해 보세요.

> **・보기・**
>
> 母 / おいしい料理を作る
>
> A: 田中さん昨日 誕生日でしたね。
>
> B: はい。
>
> A: お母さんが何をしてくれましたか。
>
> B: 母においしい料理を作ってもらいました。

(1) 父 / かわいいバッグを買う

(2) 姉 / ケーキを作る

(3) 兄 / 映画をおごる

(4) 友だち / カードを書く

★ 발음 체크 🎧 06-4

・단어・ かわいい 귀엽다, 예쁘다   バッグ 가방(bag)   おごる 한턱내다, 사다

4 〈보기〉와 같이 제시어를 이용하여 대화해 보세요.

・보기・

① 友^{とも}だちが書^かく　　② カード　　③ 昨日誕生日^{きのう たんじょうび}だ

A: これは何^{なん}ですか。

B: ①友^{とも}だちに書^かいてもらった②カードです。

A: どうして？

B: ③昨日誕生日^{きのう たんじょうび}でした。

A: あ、そうですか。

(1) ① 彼氏^{かれ し}が買^かう　　② 花束^{はなたば}　　③ 1年^{ねん}になる記念日^{き ねん び}だ

(2) ① 母^{はは}が作^{つく}る　　② 服^{ふく}　　③ 母^{はは}の趣味^{しゅ み}だ

(3) ① 友^{とも}だちが直^{なお}す　　② パソコン　　③ 故障^{こ しょう}だ

(4) ① 先輩^{せんぱい}が貸^かす　　② 傘^{かさ}　　③ 昨日雨^{きのう あめ}だ

★ 발음 체크 🎧 06-5

・단어・ 彼氏^{かれ し} 남자친구　記念日^{き ねん び} 기념일　趣味^{しゅ み} 취미　直^{なお}す 고치다　故障^{こ しょう} 고장　先輩^{せんぱい} 선배
貸^かす 빌려주다　雨^{あめ} 비

1 녹음을 듣고 빈칸을 적어 보세요. 🎧 06-6

(1) 友^{とも}だちがコーヒーを_____。

(2) 道^{みち}を_____。

(3) 会社^{かいしゃ}まで_____。

(4) 子^こどもの時^{とき}、父^{ちち}は毎日^{まいにち}_____。

2 녹음을 듣고 내용에 맞는 그림을 찾아보세요. 🎧 06-7

(1) _____ → _____   (2) _____ → _____   (3) _____ → _____

①   ②   ③   ④

ⓐ   ⓑ    ⓒ   ⓓ

단어 　道^{みち} 길　教^{おし}える 가르치다　手袋^{てぶくろ} 장갑　数学^{すうがく} 수학

 **쓰기** 연습

다음 우리말을 일본어로 적어 보세요.

1 친구가 사진을 찍어주었습니다. (타인이 나에게)

_____ 。

2 엄마가 도시락을 만들어 주었습니다.

_____ 。

3 다나카 씨가 사용법을 가르쳐 주었습니다. (타인이 나에게)

_____ 。

4 호텔 예약을 해 주었습니다. (내가 타인에게)

_____ 。

5 안내해 드릴까요? (내가 손윗사람에게)

_____

잠깐 손윗사람에게 호의, 이익을 주는 상황에서는 「〜てあげる」를 사용하지 않고, 「〜ましょうか」를 사용합니다.

단어 使い方(つかいかた) 사용법   ホテル 호텔   予約(よやく)する 예약하다   案内(あんない)する 안내하다

7

田中さんも行くと思います。

다나카 씨도 갈 것이라고 생각합니다.

01 보통체

昨日田中さんに会った。

어제 다나카 씨를 만났다.

この店はいつも人が多い。

이 가게는 항상 사람이 많다.

昔は辛い物が好きだった。

옛날에는 매운 것은 좋아했었다.

明日は休みだ。

내일은 휴일이다.

02 보통체＋と思う : ~라고 생각한다 / ~(인)것 같다

テストは難しかったと思います。

테스트는 어려웠다고 생각합니다.

今、日本は韓国より暑いと思います。

지금, 일본은 한국보다 덥다고 생각합니다.

土曜日も仕事だと思います。

토요일도 일인 것 같습니다.

03 보통체＋と言う : ~라고 한다 / 말하다

田中さんは週末は休んだと言いました。

다나카 씨는 주말은 쉰다고 말했습니다.

父に結婚したいと言いました。

아빠에게 결혼하고 싶다고 말했습니다.

鈴木さんは水曜日まで出張だと言いました。

스즈키 씨는 수요일까지 출장이라고 했습니다.

04 보통체＋명사

友だちと一緒に見た映画です。

친구와 함께 본 영화입니다.

明日先輩に会う約束があります。

내일 선배를 만날 약속이 있습니다.

これは私が作ったケーキです。

이것은 제가 만든 케이크입니다.

田中　イさん、今週の土曜日、浅草で花火大会があります。

　　　一緒に浅草へ行きませんか。

　　　キムさんも行くと思います。

イ　　いいですね。土曜日の何時ですか。

田中　花火大会は夜8時からです。

　　　でも、人が多いですから午後5時ごろ会うのはどうですか。

イ　　はい、いいですよ。

田中　じゃ、今週の土曜日、浅草駅の1番出口で午後5時に

　　　会いましょう。

イ　　わかりました。土曜日出発の前に電話します。

　　　花火大会楽しみです。

田中　じゃ、土曜日浅草駅で会いましょう。

해석

다나카	이 씨, 이번 주 토요일, 아사쿠사에서 불꽃놀이가 있습니다.
	함께 아사쿠사에 가지 않으실래요?
	김 씨도 갈 것이라고 생각합니다.
이	좋아요. 토요일 몇 시입니까?
다나카	불꽃놀이는 밤 8시부터입니다.
	그러나, 사람이 많을 테니까 오후 5시쯤 만나는 것은 어떻습니까?
이	네, 좋습니다.
다나카	그럼, 이번 주 토요일, 아사쿠사 역 1번 출구에서 오후 5시에 만납시다.
이	알겠습니다. 토요일 출발 전에 전화할게요.
	불꽃놀이 기대되네요.
다나카	자, 토요일 아사쿠사 역에서 만납시다.

새단어

<ruby>浅草<rt>あさくさ</rt></ruby> 아사쿠사 (지명)	<ruby>出口<rt>で ぐち</rt></ruby> 출구
<ruby>花火大会<rt>はな び たいかい</rt></ruby> 불꽃놀이	<ruby>午後<rt>ご ご</rt></ruby> 오후
ごろ 쯤, 무렵	<ruby>出発<rt>しゅっぱつ</rt></ruby> 출발
～のはどうですか ～것은 어떻습니까?	<ruby>前<rt>まえ</rt></ruby> 앞, 전
<ruby>番<rt>ばん</rt></ruby> 번, 차례, 순서	<ruby>楽しみですね<rt>たの</rt></ruby> 기대되네요

1 정중체과 보통체

지금까지 배운 「～です、ます」 형식을 '정중체'라고 합니다. 정중체는 친하지 않거나 윗사람인 경우에 주로 사용하지만, 아랫사람이더라도 친하지 않은 사람에게는 정중체를 사용해야만 합니다. 보통체는 「行く、行った、行かない、行かなかった」 등과 같이 「～です、ます」가 붙지 않는 형태이기 때문에 친한 사이, 가족, 아랫사람에게 사용합니다. 보통체는 잘못 사용하면 실례가 되므로 상황에 맞게 잘 사용해야 합니다.

		정중체		보통체	
동사	현재	行きます	갑니다	行く	가다
		行きません	가지 않습니다	行かない	가지 않다
	과거	行きました	갔었습니다	行った	갔다
		行きませんでした	가지 않았습니다	行かなかった	가지 않았다
い형용사	현재	おいしいです	맛있습니다	おいしい	맛있다
		おいしくないです	맛없습니다	おいしくない	맛없다
	과거	おいしかったです	맛있었습니다	おいしかった	맛있었다
		おいしくなかったです	맛없었습니다	おいしくなかった	맛없었다
な 형용사	현재	親切です	친절합니다	親切だ	친절하다
		親切じゃないです	친절하지 않습니다	親切じゃない	친절하지 않다
	과기	親切でした	친절했습니다	親切だった	친절했다
		親切じゃなかったです	친절하지 않았습니다	親切じゃなかった	친절하지 않았다
명사	현재	今日です	오늘입니다	今日だ	오늘이다
		今日じゃないです	오늘이 아닙니다	今日じゃない	오늘이 아니다
	과거	今日でした	오늘이었습니다	今日だった	오늘이었다
		今日じゃなかったです	오늘이 아니었습니다	今日じゃなかった	오늘이 아니었다

2 보통체＋と思う ：〜라고 생각한다 / 〜(인)것 같다

「〜と思う」는 자신의 생각, 의견, 추측을 말할 때 사용하는 표현입니다.

田中さんも行くと思います。 다나카 씨도 갈 것이라고 생각합니다.

土曜日も仕事だと思います。 토요일도 일인 것 같습니다.

3 보통체＋と言う ：〜라고 한다/말하다

다른 사람의 말을 전달하거나 인용할 때 사용하는 표현입니다.

(1) 직접 인용하는 경우

鈴木さんは「旅行に行きます」と言いました。 스즈키 씨는 「여행 갑니다」라고 했습니다.

(2) 간접 인용하는 경우

鈴木さんは旅行に行くと言いました。 스즈키 씨는 여행 간다고 했습니다.

4 보통체＋명사

명사	い형용사	な형용사	동사
学生の時	いい天気	有名な店	行く人
学生じゃない時	よくない天気	有名じゃない店	行かない人
学生だった時	よかった天気	有名だった店	行った人
学生じゃなかった時	よくなかった天気	有名じゃなかった店	行かなかった人

友だちと一緒に見た映画です。 친구와 함께 본 영화입니다.

最近、読んでいる本は何ですか。 최근에 읽고 있는 책은 무엇입니까?

1 〈보기〉와 같이 제시어를 이용하여 문장을 완성한 후, 읽어 보세요.

·보기·

田中^{たなか}さん / パソコンが上手^{じょうず}です

A: 誰^{だれ}がパソコンが上手^{じょうず}ですか。

B: 田中さんが上手^{じょうず}だと思^{おも}います。

(1) 鈴木^{すずき}さん / 会議^{かいぎ}に参加^{さんか}します

A: 誰^{だれ}が＿＿＿＿＿＿＿＿＿＿＿＿＿＿。

B: ＿＿＿＿＿＿＿＿＿＿＿＿と思^{おも}います。

(2) 山田^{やまだ}さん / お酒^{さけ}が 強^{つよ}かったです

A: 誰^{だれ}が＿＿＿＿＿＿＿＿＿＿＿＿＿＿。

B: ＿＿＿＿＿＿＿＿＿＿＿＿と思^{おも}います。

★ 발음 체크 🎧 07-2

·단어· 参加^{さんか}する 참가하다, 참석하다   強^{つよ}い 세다, 강하다

2 〈보기〉와 같이 제시어를 이용하여 문장을 완성한 후, 읽어 보세요.

> ・보기・
>
> 明日休みだ / 10時まで 寝ます
>
> A: 田中さんは何と言いましたか。
>
> B: <u>明日休みで10時まで寝る</u>と言いました。

(1) 忙しい / 土曜日も 仕事でした

A: 田中さんは何と言いましたか。

B: _____と言いました。

(2) 明日暇だ / 友だちに会います

A: 田中さんは何と言いましたか。

B: _____と言いました。

★ 발음 체크 🎧 07-3

3 〈보기〉와 같이 제시어를 이용하여 대화해 보세요.

·보기·

でん わ
電話をかけています

A: あの人は 誰ですか。

B: 電話をかけている人ですか。

A: はい、電話をかけて いる人。

B: 鈴木さんですね。

(1) あそこでコーヒーを飲んでいます

(2) さっきここに座っていました

(3) 赤いワンピースを着ています

(4) キムさんと話しています

★ 발음 체크 🎧 07-4

·단어· さっき 좀 전   座る 앉다   ワンピース 원피스

4 〈보기〉와 같이 제시어를 이용하여 대화해 보세요.

> **・보기・**
>
> ① 昨日写真を撮りました　　② テーブルの上にあります
>
> A: ①昨日撮った写真はどこにありますか。
>
> B: ②テーブルの上にあると思いますけど…。
>
> A: あ、そうですか。わかりました。

(1) ① 先週ペンを買いました　　　　② かばんの中にあります

(2) ① 図書館で本を借りました　　　② 本棚にあります

(3) ① 今日資料を使います　　　　　② 今コピーしています

(4) ① 田中さんが絵を描きました　　② 壁に貼ってあります

★ 발음 체크 🎧 07-5

・단어・ 上 위　本棚 책꽂이　壁 벽　貼る 붙이다

1 녹음을 듣고 빈칸을 적어 보세요.　🎧 07-6

(1) キムさんも＿＿＿＿＿＿と思います。

(2) まだ＿＿＿＿＿＿と思います。

(3) ＿＿＿＿＿＿と言いました。

(4) 寒いから＿＿＿＿＿＿と言いました。

2 녹음을 듣고 내용에 맞는 그림을 찾아보세요.　🎧 07-7

(1) ＿＿＿＿　(2) ＿＿＿＿　(3) ＿＿＿＿　(4) ＿＿＿＿

①　②　③

④　⑤　⑥

단어 　まだ 아직

다음 우리말을 일본어로 적어 보세요.

1 내일도 추울 것이라고 생각합니다.

_____ 。

2 최근에 바빠서 토요일도 일을 했다고 말했습니다.

_____ 。

3 옛날에 살던 집은 좁았다고 생각합니다.

_____ 。

4 친구를 만나러 간다고 말했습니다.

_____ 。

5 백화점에서 본 사람은 야마다 씨였습니다.

_____ 。

単어   昔(むかし) 옛날   狭(せま)い 좁다

8

くすり の
薬を飲んだらどうですか。

약을 먹는 게 어떻겠습니까?

01 **~ん(の)です** : ~(이)거든요

昨日遅くまで仕事をして疲れたんです。 어제 늦게까지 일을 해서 피곤합니다(피곤하거든요).

どこかおかしいんですね。 어딘가 이상한데요(이상하거든요).

おいしかったんです。 맛있었습니다(맛있었거든요).

02 **~た方がいい / ~ない方がいい** : ~하는 편이 좋다 / ~하지 않는 편이 좋다

薬を飲んで休んだ方がいいです。 약을 먹고 쉬는 편이 좋겠습니다.

お酒を飲まない方がいいです。 술을 마시지 않는 편이 좋겠습니다.

雨ですから、行かない方がいいと思います。

비가 오기 때문에 가지 않는 편이 좋겠다고 생각합니다.

03 **~たらどうですか** : ~하면 어떻겠습니까?

ちょっと歩いたらどうですか。 조금 걷는 것이 어떻겠습니까?

電話してみたらどうですか。 전화해 보면 어떻겠습니까?

薬を飲んで早く寝たらどうですか。 약을 먹고 일찍 자면 어떻겠습니까?

04 **~てしまう** : ~해 버리다

カメラを落としてしまいました。 카메라를 떨어뜨리고 말았습니다.

お金を全部使ってしまいました。 돈을 전부 써 버리고 말았습니다.

レポートを全部書いてしまいました。 리포트를 전부 써 버렸습니다.

· 단어 · 落とす 떨어뜨리다

キム 鈴木さん、顔色が悪いです。

どこか具合でも悪いんですか。

鈴木 今朝からずっと頭痛がして…。

キム 薬を飲んだらどうですか。

鈴木 薬を飲んだんですが、あまり効かないんです。

キム そうですか。

では、早く家に帰って休んだ方がいいですよ。

鈴木 そうですね。それがいいですね。

心配してくれてありがとうございます。

今日は早く家に帰って寝ます。

해석

김	스즈키 씨. 안색이 안 좋네요.
	어디 안 좋으세요?
스즈키	아침부터 계속 머리가 아파서요 ….
김	약을 먹는 게 어떻겠습니까?
스즈키	약을 먹었습니다만, 별로 듣질 않네요.
김	그러세요.
	그럼, 빨리 집에 돌아가서 쉬는 게 좋을 것 같네요.
스즈키	그러게요. 그게 좋겠네요.
	걱정해 주셔서 감사합니다.
	오늘은 빨리 집에 돌아가서 자겠습니다.

새단어

かおいろ
□ 顔色 안색

けさ
□ 今朝 오늘 아침

ずつう
□ 頭痛がする 두통이 나다

き
□ 効く (약이) 듣다

1 〜ん(の)です : 〜(이)거든요

「〜んです」는 원인, 이유를 설명하거나 말하는 사람의 생각이나 주장을 강조해서 표현할 때 사용하는 표현입니다. 회화체에서는 「んです」를 문어체에서는 「のです」를 사용합니다.

동사의 보통체	
い형용사의 보통체	+んです
な형용사의 어간+な(현재), 보통체 (과거, 부정)	
명사+な(현재), 보통체 (과거, 부정)	

A: どうしたんですか。　　　　　　　　　무슨 일인가요?

B: 頭が痛いんです。　　　　　　　　　　머리가 아프거든요.

どうして遅れたんですか。　　　　　　　왜 늦은 건가요?

おいしいですね。どこで買ったんですか。　맛있네요. 어디서 산 거예요?

まだ、学生なんです。　　　　　　　　　아직, 학생이거든요.

2 동사 た형+方がいい / 동사 ない형+ない方がいい
: 〜하는 편이 좋다 / 〜하지 않는 편이 좋다

조언이나 충고를 할 때 쓰이는 표현입니다.

A: よくわからないんです。　　　　　　　잘 모르겠습니다.

B: じゃ、先生に聞いた方がいいです。　　그럼, 선생님에게 묻는 편이 좋겠습니다.

A: 熱があるんです。　　　　　　　　　　열이 있거든요.

B: お風呂に入らない方がいいですね。　　목욕하지 않는 편이 좋겠습니다.

·단어· 遅れる 늦다, 지각하다　熱 열　お風呂に入る 목욕하다

3 동사 た형+ら+どうですか : ～하면 어떻겠습니까?

어떤 행동을 하도록 상대에게 제안을 할 때 쓰이는 표현입니다.

A: 最近具合がよくないんです。　　　　　　　　최근에 몸 상태가 좋지 않습니다.

B: 病院へ行ってみたらどうですか。　　　　　병원에 가 보면 어떻겠습니까?

A: ちょっと疲れたんですね。　　　　　　　　조금 피곤합니다.

B: 少し休んだらどうですか。　　　　　　　잠깐 쉬면 어떻겠습니까?

買い物に行きたいんですが、一緒に行ったらどうですか。

쇼핑 가고 싶은데, 같이 가시면 어떻겠습니까?

4 동사 て형+しまう : ～해 버리다

'전부 ～하다'라는 완료를 강조하거나 '～해서 유감이다, 난처하다' 등의 유감의 기분을 나타내는 표현입니다. 회화체에서는 「てしまう」을 축약해서 「ちゃう」라고 합니다.

昨日も夜遅くいっぱい食べてしまいました。(＝食べちゃいました)

어제도 밤늦게 많이 먹고 말았습니다.

お酒を飲みすぎてお腹を壊してしまったんです。

과음해서 배탈 나고 말았습니다.

全部買ってしまいました。 전부 사 버렸습니다.

来週までのレポートを全部書いてしまいました。

다음 주까지 낼 리포트를 전부 써 버렸습니다.

단어　具合がよくない 몸이 안 좋다, 컨디션이 안 좋다　　飲みすぎる 과음하다　　お腹を壊す 배탈 나다
壊す 망가뜨리다

1 〈보기〉와 같이 제시어를 이용하여 문장을 완성한 후, 읽어 보세요.

· 보기 ·

あたま
頭がいたいです

A: どうしたんですか。

あたま　いた
B: 頭が痛いんです。

なか　いた
(1) お腹が痛い

A: どうしたんですか。

B: _____ 。

ね ぼう　　おく
(2) 寝坊して遅れました

A: どうしたんですか。

B: _____ 。

★ 발음 체크 🎧 08-2

ね ぼう
· 단어 · 寝坊する 늦잠 자다

2 〈보기〉와 같이 제시어를 이용하여 문장을 완성한 후, 읽어 보세요.

・보기・

薬を飲みます

A: お腹が痛いんです。

B: 薬を 飲んだ方がいいです。

(1) 早く帰って休みます

A: 昨日遅くまで仕事をして疲れたんです。

B: ＿＿＿＿＿＿＿＿＿＿＿＿方がいいです。

(2) たばこを吸いません

A: 咳が止まりません。

B: ＿＿＿＿＿＿＿＿＿＿＿＿方がいいです。

★ 발음 체크 🎧 08-3

・단어・ 咳 기침 止まる 멈추다, 그치다

3 〈보기〉와 같이 제시어를 이용하여 대화해 보세요.

・보기・

寝坊<ruby>ね<rt>ね</rt></ruby>します

寝坊します

A: どうしたんですか。

B: <u>寝坊してしまいました</u>。

(1) カメラを落としました

A: どうしたんですか。

B: ＿＿＿＿＿＿＿＿＿＿＿＿＿＿＿＿＿ 。

(2) 財布をなくしました

A: どうしたんですか。

B: ＿＿＿＿＿＿＿＿＿＿＿＿＿＿＿＿＿ 。

(3) かぎを忘れました

A: どうしたんですか。

B: ＿＿＿＿＿＿＿＿＿＿＿＿＿＿＿＿＿ 。

★ 발음 체크 🎧 08-4

・단어・ 財布 지갑　なくす 잃어버리다　かぎ 열쇠　忘れる 잊어버리다

4 〈보기〉와 같이 제시어를 이용하여 대화해 보세요.

> ・보기・
>
> ① 食べすぎる　　　② お腹を壊す　　　③ 病院に行ってみる
>
> A: どうしたんですか。
>
> B: ①食べすぎて、②お腹を壊したんです。
>
> A: じゃ、③病院に 行ってみたらどうですか。
>
> B: そうですね。じゃ、そうします。

(1)　① 寝坊する　　　　　　　② 遅れる
　　　③ 今日から早く寝る

(2)　① 無理する　　　　　　　② 具合が悪くなる
　　　③ 早く帰って休む

(3)　① パンがおいしい　　　　② いっぱい食べる
　　　③ 薬を飲む

(4)　① 仕事が多い　　　　　　② 遅くまで仕事をする
　　　③ みんなに手伝ってもらう

★ 발음 체크 🎧 08-5

・단어・ 悪く なる 나빠지다　みんな 모두　手伝う 돕다

1 　녹음을 듣고 빈칸을 적어 보세요.　🎧 08-6

(1) 雨_{あめ}ですから＿＿＿＿＿方_{ほう}がいいです。

(2) 明日_{あした}まで＿＿＿＿＿がいいです。

(3) たばこを＿＿＿＿＿＿＿＿＿＿。

(4) ＿＿＿＿＿＿＿＿＿＿＿＿＿。

2 　녹음을 듣고 내용에 맞는 그림을 찾아보세요.　🎧 08-7

(1)

(　　　　) (　　　　)　　(　　　　) (　　　　)

(3)
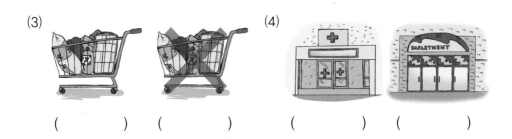

(　　　　) (　　　　)　　(　　　　) (　　　　)

다음 우리말을 일본어로 적어 보세요.

1 여기에 차를 세우지 않는 것이 좋겠습니다.

_____ 。

2 약을 먹고 푹 쉬는 것이 좋겠습니다.

_____ 。

3 내일까지 열심히 해 보면 어떻겠습니까?

_____ 。

4 어제도 늦게까지 먹고 말았습니다.

_____ 。

5 새 핸드폰을 사지 않는 편이 좋겠습니다.

_____ 。

단어 頑張る 열심히 하다　新しい 새롭다

9

えいが み い
映画を見に行くつもりです。

영화를 보러 갈 생각입니다.

01 　동사의 의지형＋と思^{おも}う　: ～하려고 생각하다

今日^{きょう}までしようと思^{おも}います。　　　　　오늘까지 하려고 생각합니다.

午後^{ごご}は休^{やす}もうと思^{おも}います。　　　　　오후는 쉬려고 생각합니다.

旅行^{りょこう}に行^いこうと思^{おも}います。　　　　　여행 가려고 생각합니다.

02 　～つもりだ　: ～할 작정이다/생각이다

夏^{なつ}の前^{まえ}までダイエットをするつもりです。　여름 전에 다이어트를 할 작정입니다.

旅行^{りょこう}に行^いくつもりです。　　　　　여행 갈 생각입니다.

夏休^{なつやす}みはアメリカへ行^いくつもりです。　여름휴가는 미국으로 갈 생각입니다.

03 　～予定^{よてい}だ　: ～할 예정이다

夏休^{なつやす}みはアメリカへ行^いく予定^{よてい}です。　여름휴가는 미국으로 갈 예정입니다.

3時^じから5時^じまで映画^{えいが}を見^みる予定^{よてい}です。　3시부터 5시까지 영화를 볼 예정입니다.

明日^{あした}から日本^{にほん}へ出張^{しゅっちょう}する予定^{よてい}です。　내일부터 일본으로 출장 갈 예정입니다.

・단어　旅行^{りょこう} 여행　夏^{なつ} 여름　夏休^{なつやす}み 여름휴가, 여름방학

キム 明日からお盆休みですね。

鈴木さんは何をする予定ですか。

鈴木 最近仕事で疲れましたから、どこも行かないでゆっくり

休もうと思っています。

キムさんは何をするんですか。

キム 友だちが韓国の映画が好きで、一緒に見に行くつもりです。

映画を見てからはご飯を食べたり買い物をしたりしようと

思っているんです。

鈴木 私も韓国の映画が好きです。

今度ぜひ私も誘ってください。

キム そうですか。今度ぜひ一緒に見に行きましょう。

해석

김	내일부터 오봉 연휴이네요.
	스즈키 씨는 무엇을 할 예정입니까?
스즈키	최근에 일 때문에 피곤해서, 아무 데도 안 가고 푹 쉬려고 생각하고 있습니다.
	김 씨는 무엇을 할 겁니까?
김	친구가 한국 영화를 좋아해서, 함께 보러 갈 생각입니다.
	영화 보고 나서는 밥 먹거나 쇼핑하거나 하려고 생각하고 있습니다.
스즈키	저도 한국 영화 좋아합니다.
	다음엔 꼭 지도 권해주세요.
김	그러세요. 다음에 꼭 함께 보러 갑시다.

새단어

お盆 오봉 (한국의 추석과 같은 일본 명절)	今度 이번
疲れる 피곤하다	ぜひ 꼭
～てから ～하고 나서	誘う 권유하다

1 동사의 의지형 : ~하자, ~하려(고)

1그룹 : 어미 う단 → お단+う

会う 만나다 → 会お+う : 会おう   行く 가다 → 行こ+う : 行こう

話す 말하다 → 話そ+う : 話そう   待つ 기다리다 → 待と+う : 待とう

飲む 마시다 → 飲も+う : 飲もう   走る 달리다 → 走ろ+う : 走ろう

2그룹 : 어미 る를 지우고+よう

食べる 먹다 → 食べ+よう : 食べよう   見る 보다 → 見+よう : 見よう

起きる 일어나다 → 起き+よう : 起きよう

3그룹 : 불규칙 활용

来る 오다 → 来よう   する 하다 → しよう

そろそろ帰ろう。　이제 슬슬 가자.　　映画見よう。　　영화 보자.

A: ご飯食べない？　밥 안 먹어?　　B: うん、食べよう。　응, 먹자.

2 동사의 의지형+と思う : ~하려고 생각하다

무엇인가 하겠다고 말하는 사람의 의지를 나타내는 표현입니다. 부정형 「~ようと思いません」은 강한 부정의 의지를 나타냅니다.

夏休み、日本の旅行に行こうと思います。

여름휴가, 일본 여행 가려고 생각합니다.

会社<ruby>会社<rt>かいしゃ</rt></ruby>をやめて1ヶ月<ruby><rt>いっかげつ</rt></ruby>ぐらい休<ruby>休<rt>やす</rt></ruby>もうと思<ruby>思<rt>おも</rt></ruby>っています。

회사를 그만두고 한 달 정도 쉬려고 생각하고 있습니다.

体<ruby>体<rt>からだ</rt></ruby>に悪<ruby>悪<rt>わる</rt></ruby>いのに、たばこをやめようと思<ruby>思<rt>おも</rt></ruby>いません。

몸에 나쁜데, 담배를 끊으려고 생각하지 않습니다.

3 동사의 사전형(동사 ない형+ない)+つもりだ

: ~할(하지 않을) 작정이다/생각이다

무엇인가 하거나 하지 않겠다고 말하는 사람의 의지 또는 계획 등을 나타내는 표현입니다. 「의지형＋と思う」와 비슷한 의미입니다. 부정형은 「동사 ない형＋ないつもりだ」를 사용합니다.

夏休<ruby>夏休<rt>なつやす</rt></ruby>み、日本<ruby>日本<rt>にほん</rt></ruby>の旅行<ruby>旅行<rt>りょこう</rt></ruby>に行<ruby>行<rt>い</rt></ruby>くつもりです。　　여름 휴가, 일본에 여행하러 갈 생각입니다.

今日<ruby>今日<rt>きょう</rt></ruby>の飲<ruby>飲<rt>の</rt></ruby>み会<ruby>会<rt>かい</rt></ruby>には参加<ruby>参加<rt>さんか</rt></ruby>しないつもりです。　　오늘 회식에는 참석하지 않을 생각입니다.

夏<ruby>夏<rt>なつ</rt></ruby>の前<ruby>前<rt>まえ</rt></ruby>までダイエットをするつもりです。　　여름 전에 다이어트를 할 작정입니다.

4 동사의 사전형(원형)+予定<ruby>予定<rt>よてい</rt></ruby>だ　: ~할 예정이다

예정을 말하는 표현입니다. 「つもり」보다 구체적으로 정해진 사항에 사용됩니다.

明日<ruby>明日<rt>あした</rt></ruby>から日本出張<ruby>日本出張<rt>にほんしゅっちょう</rt></ruby>に行<ruby>行<rt>い</rt></ruby>く予定<ruby>予定<rt>よてい</rt></ruby>です。　　내일부터 일본 출장을 갈 예정입니다.

会議<ruby>会議<rt>かいぎ</rt></ruby>は4時<ruby>時<rt>よじ</rt></ruby>に始<ruby>始<rt>はじ</rt></ruby>まる予定<ruby>予定<rt>よてい</rt></ruby>です。　　회의는 4시에 시작될 예정입니다.

3時<ruby>時<rt>じ</rt></ruby>から5時<ruby>時<rt>じ</rt></ruby>まで映画<ruby>映画<rt>えいが</rt></ruby>を見<ruby>見<rt>み</rt></ruby>る予定<ruby>予定<rt>よてい</rt></ruby>です。　　3시부터 5시까지 영화를 볼 예정입니다.

단어　やめる 그만두다, 끊다　　～ヶ月<ruby><rt>かげつ</rt></ruby> ~개월　　～のに ~임에도　　始<ruby>始<rt>はじ</rt></ruby>まる 시작하다

1 〈보기〉와 같이 제시어를 이용하여 문장을 완성한 후, 읽어 보세요.

> ·보기·
>
> 映画を見ます
>
> A: 週末何をしますか。
> B: 映画を見ようと思います。

(1) うちでゆっくり休みます

A: 週末何をしますか。

B: ＿＿＿＿＿＿＿＿＿＿＿＿と思います。

(2) 久しぶりに友だちとお酒を飲みます

A: 今週の土曜日、何をしますか。

B: ＿＿＿＿＿＿＿＿＿＿＿＿と思います。

(3) 家族とヨーロッパへ遊びに行きます

A: 夏休みは何をしますか。

B: ＿＿＿＿＿＿＿＿＿＿＿＿と思います。

★ 발음 체크 🎧 09-2

·단어· 久しぶりに 오랜만에　ヨーロッパ 유럽

2 〈보기〉와 같이 제시어를 이용하여 문장을 완성한 후, 읽어 보세요.

> **보기**
>
> 勉強します
>
> A: 明日何をしますか。
>
> B: 来週テストですから、勉強するつもりです。

(1) 自転車に乗ります

A: 週末何をしますか。

B: 友だちと公園で＿＿＿＿＿＿＿＿つもりです。

(2) 2時間ぐらい走ります

A: 今週の土曜日、何をしますか。

B: ダイエット中だから、＿＿＿＿＿＿つもりです。

(3) レポートを書きます

A: 今日何をしますか。

B: 本を読んで＿＿＿＿＿＿＿＿つもりです。

★ 발음 체크 🎧 09-3

단어 テスト 테스트　自転車 자전거　中 ~ 중

3 〈보기〉와 같이 제시어를 이용하여 대화해 보세요.

· 보기 ·

① 来月会社をやめる　　　　② 留学に行きます
③ イギリスで英語を勉強します

A: ① 来月会社をやめます。

B: えっ、どうしてですか。

A: ① 会社をやめて ② 留学に行く予定です。
　　③ イギリスで英語を勉強しようと思っています。

B: そうですか。頑張ってください。

(1)　① 明日ジムに行く　　　　　　　② 運動します
　　　③ 急に太ってダイエットします

(2)　① 週末図書館に行く　　　　　　② レポートを書きます
　　　③ 日本の文化について書きます

(3)　① 今日友だちに会う　　　　　　② 中国語を勉強します
　　　③ 来月中国へ遊びに行きます

(4)　① 朝早く会社へ行く　　　　　　② 出張に行きます
　　　③ チーム長と一緒に行きます

★ 발음 체크 🎧 09-4

· 단어 · ジム 체육관　　留学 유학　　文化 문화　　〜について 〜에 대해서　　朝 아침　　チーム長 팀장

1 녹음을 듣고 빈칸을 적어 보세요.　🎧 09-5

(1) 明日から＿＿＿＿＿と^{おも}思っています。

あした, おも

(1) 明日から ＿＿＿＿＿＿＿ と思っています。

(2) 4^じ時まで ＿＿＿＿＿＿＿。

(3) 会議^{かいぎ}は ＿＿＿＿＿＿＿。

(4) ＿＿＿＿＿＿＿＿＿＿＿。

2 녹음을 듣고 시간과 일치하는 단어를 찾아보세요.　🎧 09-6

① 約束^{やくそく}　② 勉強^{べんきょう}　③ 映画^{えいが}　④ 買い物^{かもの}

一日^{いちにち}のスケジュール

12時〜1時	:	昼ご飯^{ひるはん}
1時半〜3時	:	(1)
3時〜4時	:	(2)
4時半	:	友だちに会う^{ともあ}
5時〜7時	:	(3)

단어 終わる^お 끝나다, 끝내다　半^{はん} 반　一日^{いちにち} 하루　スケジュール 스케줄

다음 우리말을 일본어로 적어 보세요.

1 매일 30분씩 달리려고 생각하고 있습니다.

_____ 。

2 감기지만, 약은 먹지 않을 생각입니다.

_____ 。

3 가족과 함께 일본 여행을 갈 예정입니다.

_____ 。

4 내일부터 일도 공부도 열심히 해야지.

_____ 。

5 일어나려고 생각지도 않습니다.

_____ 。

일본에서 집 빌리기

일본에서 집을 빌리거나 이사할 때는 한국과 조금 다른 방식을 가지고 있습니다. 일본에 거주하게 되거나 여행 일정 외에 장기 투숙이 필요할 경우를 위해 일본의 입주 형식을 알아봅시다.

● 월세만 존재한다

일본에서는 집을 빌릴 때 매달 집값을 지불하는 '월세'만 존재하고, 한국과 같은 '전세'라는 개념이 없습니다. 또한, 월세로 집을 빌리게 되더라도 임대인에게 '보증금(敷金)'과 '사례금(礼金)'을 지불하게 됩니다. 보증금을 내는 이유는 집을 나올 때 발생하는 수리 비용과 청소 요금을 위한 준비금으로, 잔액은 나중에 돌려주는 시스템입니다. 그러나, 사례금은 임대인과 부동산에 감사의 의미로 지불하는 돈이기 때문에 나중에 돌려받을 수 없습니다.

● 입주 청소비는 이전 세입자가 지불한다

한국은 이사할 때 '입주 청소'라고 해서 입주하는 쪽에서 청소를 하고 들어가는 반면, 일본은 집을 비우는 쪽에서 퇴거 청소를 하고 나옵니다. 또한, 한국처럼 세입자가 살고 있는 상태에서 부동산을 통해 집을 보러 가는 경우도 없습니다. 일반적으로, 퇴거와 청소가 완료된 상태인 집을 확인하게 됩니다.

● 외국인은 보증인이 필요하다

외국인이 집을 빌릴 경우에는 반드시 보증인이 필요합니다.

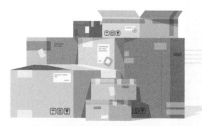

10

漢字を書くことができますか。

한자를 쓸 수 있습니다.

01 **〜ことができる** : 〜할 수 있다

ピアノを<ruby>弾<rt>ひ</rt></ruby>くことができます。

피아노를 칠 수 있습니다.

<ruby>少<rt>すこ</rt></ruby>し<ruby>日本語<rt>にほんご</rt></ruby>を<ruby>話<rt>はな</rt></ruby>すことができます。

조금 일본어를 말할 수 있습니다.

<ruby>20歳<rt>はたち</rt></ruby><ruby>未満<rt>みまん</rt></ruby>の<ruby>人<rt>ひと</rt></ruby>は、お<ruby>酒<rt>さけ</rt></ruby>を<ruby>飲<rt>の</rt></ruby>むことができません。

20세 미만인 사람은, 술을 마실 수 없습니다.

02 **동사의 가능형**

ピアノが<ruby>弾<rt>ひ</rt></ruby>けます。

피아노를 칠 수 있습니다.

<ruby>運転<rt>うんてん</rt></ruby>できません。

운전할 수 없습니다.

<ruby>20歳<rt>はたち</rt></ruby><ruby>未満<rt>みまん</rt></ruby>の<ruby>人<rt>ひと</rt></ruby>は、お<ruby>酒<rt>さけ</rt></ruby>が<ruby>飲<rt>の</rt></ruby>めません。

20세 미만인 사람은, 술을 마실 수 없습니다.

03 **동사의 사전형(원형)/가능 동사 + ようになる** : 〜하게 되다

<ruby>最近<rt>さいきん</rt></ruby>、よく<ruby>山登<rt>やまのぼ</rt></ruby>りをすようになりました。

최근에 자주 등산을 하게 되었습니다.

<ruby>毎日練習<rt>まいにちれんしゅう</rt></ruby>してできるようになりました。

매일 연습해서 할 수 있게 되었습니다.

<ruby>行<rt>い</rt></ruby>けないと<ruby>思<rt>おも</rt></ruby>いましたけど、<ruby>行<rt>い</rt></ruby>けるようになりました。

갈 수 없다고 생각했는데, 갈 수 있게 되었습니다.

<ruby>前<rt>まえ</rt></ruby>は<ruby>読<rt>よ</rt></ruby>めなかったですけど、<ruby>今<rt>いま</rt></ruby>は<ruby>読<rt>よ</rt></ruby>めるようになりました。

전에는 읽을 수 없었는데, 지금은 읽을 수 있게 되었습니다.

단어 <ruby>弾<rt>ひ</rt></ruby>く 치다, 켜다 <ruby>20歳<rt>はたち</rt></ruby> 스무살 <ruby>未満<rt>みまん</rt></ruby> 미만 <ruby>練習<rt>れんしゅう</rt></ruby> 연습

鈴木　キムさん、今何を書いていますか。

キム　大学時代の先生に手紙を書いています。

　　　手紙で字や、文法の間違いがないか鈴木さんに見て

　　　もらいたいんですが…。

鈴木　いいですよ。手紙を書くのは難しいですよね。

キム　本当にそうです。

　　　特に目上の人に手紙を書くときは敬語を使わなければ

　　　ならないからもっと難しいです。

鈴木　キムさんは漢字を書くことができますか。

　　　手紙に難しい漢字が結構ありますね。

キム　はい、少し書けます。

　　　大学で一生懸命に勉強して漢字が書けるようになりました。

鈴木　すごいですね。

스즈키　　김 씨, 지금 무엇을 쓰고 있습니까?

김　　　　대학 시절 선생님께 편지를 쓰고 있습니다.

　　　　　편지에, 글자나 문법이 틀린 게 없는지 스즈키 씨가 봐주세요….

스즈키　　좋아요. 편지 쓰는 것은 어려워요.

김　　　　정말 그래요.

　　　　　특히 윗사람에게 편지 쓸 때는 경어를 사용해야만 해서 더 어려워요.

스즈키　　김 씨는 한자를 쓸 수 있나요?

　　　　　편지에 한자가 꽤 있네요.

김　　　　네, 조금 쓸 수 있어요.

　　　　　대학에서 열심히 공부해서 한자를 쓸 수 있게 되었습니다.

스즈키　　대단하네요.

새단어

<ruby>時代<rt>じだい</rt></ruby> 시절, 시대	<ruby>目上<rt>めうえ</rt></ruby>の<ruby>人<rt>ひと</rt></ruby> 손윗사람
<ruby>手紙<rt>てがみ</rt></ruby> 편지	<ruby>敬語<rt>けいご</rt></ruby> 경어
<ruby>字<rt>じ</rt></ruby> 글자	もっと 더욱
<ruby>文法<rt>ぶんぽう</rt></ruby> 문법	<ruby>結構<rt>けっこう</rt></ruby> 꽤
<ruby>間違<rt>まちが</rt></ruby>い 틀림	<ruby>一生懸命<rt>いっしょうけんめい</rt></ruby>に 열심히
<ruby>特<rt>とく</rt></ruby>に 특히	すごい 대단하다

1 동사의 사전형(원형)＋ことができる : ～할 수 있다

가능을 나타내는 표현으로, 기술적, 신체적인 능력을 나타낼 때 사용하며, 규칙이나 상황 등에서 행동의 실현이 가능하다는 것을 나타낼 때 사용합니다. 「ことができる」 앞에는 동사의 사전형(원형)이 위치합니다.

漢字を読むことができます。	한자를 읽을 수 있습니다.
辛い料理を食べることができます。	매운 요리를 먹을 수 있습니다.
ピアノを弾くことができます。	피아노를 칠 수 있습니다.

잠깐 단, 명사의 경우는 「명사＋ができる」

2 동사의 가능형 : ～할 수 있다

동사의 어미를 활용해 가능형을 만들 수도 있습니다. 회화에서는 「동사 사전형(원형)＋ことができる」보다 동사의 가능형을 더 많이 사용합니다. 이때, 「日本語を話す → 日本語が話す」와 같이 조사가 「を → が」로 바뀌기 때문에 주의해야 합니다.

1그룹 : 어미 う단 → え단＋る

使う 사용하다	→ 使え＋る : 使える
行く 가다	→ 行け＋る : 行ける
話す 말하다	→ 話せ＋る : 話せる
飲む 마시다	→ 飲め＋る : 飲める

2그룹 : 어미 る를 지우고＋られる

食べる 먹다	→ 食べ＋られる : 食べられる
起きる 일어나다	→ 起き＋られる : 起きられる
覚える 외우다, 기억하다	→ 覚え＋られる : 覚えられる

3그룹 : 불규칙 활용

来^くる 오다 → 来^こられる　　　　　　　する 하다 → できる

漢字^{かんじ}が読^よめます。　　　　　　한자를 읽을 수 있습니다.

辛^{から}い料理^{りょうり}が食^たべられます。　　　매운 요리를 먹을 수 있습니다.

少^{すこ}し日本語^{にほんご}が話^{はな}せます。　　　조금 일본어를 말할 수 있습니다.

3 동사의 사전형(원형)/가능 동사 ＋ようになる : ~하게 되다

능력이나 상황, 습관 등의 변화를 나타내는 동사의 변화 표현입니다. 「ようになる」 앞에는 동사의 사전형(원형)이 옵니다.

韓国^{かんこく}の食^たべ物^{もの}に慣^なれて、辛^{から}い物^{もの}も食^たべられるようになりました。

한국 음식에 익숙해져서 매운 것도 먹을 수 있게 되었습니다.

毎日^{まいにち}練習^{れんしゅう}して1時間^{じかん}も走^{はし}れるようになりました。

매일 연습해서 1시간도 달릴 수 있게 되었습니다.

やっと自転車^{じてんしゃ}に乗^のれるようになりました。

겨우 자전거를 탈 수 있게 되었습니다.

以前^{いぜん}はあまり山登^{やまのぼ}りをしませんでしたが、最近^{さいきん}はよく山登^{やまのぼ}りをするようになりました。

이전에는 그다지 등산을 하지 않았습니다만, 최근에는 자주 등산을 하게 되었습니다.

ㆍ단어ㆍ　慣^なれる 익숙해지다

1 〈보기〉와 같이 제시어를 이용하여 문장을 완성한 후, 읽어 보세요.

·보기·

漢字<small>かんじ</small>で書<small>か</small>きます

A: 漢字<small>かんじ</small>で書<small>か</small>くことができますか。

B1: はい、できます。

B2: いいえ、できません。

(1) 日本語<small>にほんご</small>を聞<small>き</small>き取<small>と</small>ります

A: _____ ことができますか。

B1: はい、_____。

B2: いいえ、_____。

(2) 自転車<small>じてんしゃ</small>に乗<small>の</small>ります

A: _____ ことができますか。

B1: はい、_____。

B2: いいえ、_____。

★ 발음 체크 🎧 10-2

·단어· 聞<small>き</small>き取<small>と</small>る 알아듣다

2 〈보기〉와 같이 제시어를 이용하여 문장을 완성한 후, 읽어 보세요.

·보기·

日本語を話す

A: 日本語が 話せますか。

B₁: はい、少し話せます。

B₂: いいえ、全然話せません。

(1) パソコンを使う

A: _____ 。

B₁: はい、_____ 。

B₂: いいえ、_____ 。

(2) 漢字を書く

A: _____ 。

B₁: はい、_____ 。

B₂: いいえ、_____ 。

★ 발음 체크 🎧 10-3

·단어· 少し 조금

3 〈보기〉와 같이 제시어를 이용하여 문장을 완성한 후, 읽어 보세요.

·보기·

お酒を飲む

A: お酒が飲めますか。

B: 前は飲めませんでしたけど、今は飲めるように なりました。

(1) 日本の新聞を読む

A: _____ 。

B: _____ 。

(2) 一人で旅行をする

A: _____ 。

B: _____ 。

(3) ギターを弾く

A: _____ 。

B: _____ 。

★ 발음 체크 🎧 **10-4**

·단어· 新聞 신문　ギター 기타

4

〈보기〉와 같이 제시어를 이용하여 대화해 보세요.

> ·보기·
>
> 仕事 / します
>
> A: 最近 仕事はどうですか。
>
> B: まだまだですけど、前より少しできるようになりました。
>
> A: よかったですね。これからも頑張ってください。

(1) 日本語 / 話します

(2) 料理 / 作ります

(3) マラソン / 長く走ります

(4) ピアノ / 弾きます

★ 발음 체크 🎧 10-5

·단어· まだまだだ 아직 멀었다　前より 전보다　これからも 앞으로도　マラソン 마라톤
長く 길게

1 녹음을 듣고 빈칸을 적어 보세요.　🎧 10-6

(1) 漢字を読む_____。

(2) 前はできませんでしたけど、_____。

(3) 書けますけど、_____。

(4) _____、食べられるようになりました。

2 녹음을 듣고 내용에 맞는 그림을 찾아보세요.　🎧 10-7

(1) _____　(2) _____　(3) _____　(4) _____

① ② ③

④ ⑤ ⑥

단어　慣れる 익숙해지다

다음 우리말을 일본어로 적어 보세요.

1 매운 요리를 먹을 수 있습니까?

_____ 。

2 전에는 못했는데, 지금은 할 수 있게 되었습니다.

_____ 。

3 일본 요리도 만들 수 있습니다.

_____ 。

4 뉴스를 알아듣게 되었습니다.

_____ 。

5 20살 미만의 사람은 담배를 피울 수 없습니다.

_____ 。

단어 ニュース 뉴스

11

最近、寒くなりましたね。

최근에, 추워졌습니다.

01　동사의 사전형(원형)＋と : ～하면

お金を入れるとコーヒーが出ます。 　　　돈을 넣으면 커피가 나옵니다.

右に曲がるとコンビニがあります。 　　　오른쪽으로 돌면 편의점이 있습니다.

ボタンを押すとお釣りが出ます。 　　　버튼을 누르면 거스름돈이 나옵니다.

02　～くなる : ～해 지다 / ～하게 되다

春になると暖かくなります。 　　　봄이 되면 따뜻해집니다.

薬を飲むとよくなります。 　　　약을 먹으면 좋아집니다.

お酒を飲むと顔が赤くなります。 　　　술을 마시면 얼굴이 빨개집니다.

03　～になる : ～해 지다 / ～하게 되다 / ～이 되다

先生が来て静かになりました。 　　　선생님이 오셔서 조용해졌습니다.

テレビに出て有名になりました。 　　　텔레비전에 나와서 유명해졌습니다.

弟は医者になりました。 　　　남동생은 의사가 되었습니다.

８月になりました。 　　　8월이 되었습니다.

단어 　出る 나오다　　右 오른쪽　　曲がる 돌다　　コンビニ 편의점　　押す 누르다, 밀다
　　　お釣り 거스름돈　　春 봄　　暖かい 따뜻하다　　静かだ 조용하다　　医者 의사

キム　最近、寒くなりましたね。

田中　そうですね。11月に入ってから急に寒くなりましたね。

　　　昼と朝、夜の温度の差が結構大きいですね。

キム　田中さん、知っていますか。

　　　朝と夜の温度の差が大きくなると紅葉がきれいになります。

田中　そうですか。初めて聞きました。

　　　それじゃ、今年の紅葉は期待してもいいですね。

キム　そうですね。今年は一緒に紅葉を見に行きましょう。

　　　その前に、この時期になると、風邪を引きやすいから、

　　　気を付けてください。

田中　ありがとうございます。気をつけます。

김	최근에, 추워졌네요.
다나카	그러게요. 11월 들어서부터 갑자기 추워졌어요.
	낮하고 아침, 밤의 온도 차가 꽤 커요.
김	다나카 씨, 알고 계세요?
	아침하고 밤의 온도 차가 크면 단풍이 예쁘다네요.
다나카	그래요? 처음 들었어요.
	그럼, 올해 단풍은 기대해도 되겠네요.
김	그렇죠. 올해는 함께 단풍을 보러 갑시다.
	그전에, 이 시기가 되면, 감기 걸리기 쉬우니까,
	조심하세요.
다나카	감사해요. 조심할게요.

· 새단어 ·

入^{はい}る 들어가다	今年^{ことし} 올해
急^{きゅう}に 갑자기	期待^{きたい}する 기대하다
温度^{おんど} 온도	その前^{まえ}に 그전에
差^さ 차이	時期^{じき} 시기
紅葉^{もみじ} 단풍	ます형+やすい ~하기 쉽다. 좋다
初^{はじ}めて 처음	気^きをつける 조심하다

1 동사의 사전형(원형) + と : ~하면

「AとB」의 형태로, 「と」 앞에 오는 A에 의해 어떤 필연적 결과, 예측 가능한 일이 「と」 뒤의 B로 옵니다. 주로 자연현상, 계산 문제, 기계 조작법, 길 안내 등에 많이 사용합니다. 단, 「と」 뒤의 B에는 말하는 사람의 의지·판단·허가·희망 등을 나타내는 표현은 올 수 없습니다.

春になると暖かくなります。　　　　　　봄이 되면 따뜻해집니다.

お酒を飲むと顔が赤くなって、おしゃべりになります。

술을 마시면 얼굴이 빨개지고, 말이 많아집니다.

15を3で割ると5になります。　　　　　15를 3으로 나누면 5가 됩니다.

お金を入れてボタンを押すと切符が出ます。　돈을 넣고 버튼을 누르면 표가 나옵니다.

右に曲がってまっすぐ行くとコンビニがあります。

오른쪽으로 돌아서 직진하면 편의점이 있습니다.

2 변화의 표현

(1) い형용사

い형용사의 어미 い → く로 바꾸고+なる : ~해 지다 / ~하게 되다

塩を入れるとおいしくなります。　　　　소금을 넣으면 맛있어집니다.

薬を飲んでよくなりました。　　　　　　약을 먹고 좋아졌습니다.

仕事が多くなって、とても忙しいです。　일이 많아져서, 매우 바쁩니다.

단어 おしゃべり 수다, 수다쟁이　切符 표　まっすぐ 곧장, 직진　塩 소금

(2) な형용사

> な형용사의 어미 だ → に로 바꾸고+なる :~해 지다 / ~하게 되다

何回も練習して上手になりました。 　　　　　몇 번이나 연습해서 능숙해졌습니다.

みんな帰って静かになりました。 　　　　　　모두가 돌아가서 조용해졌습니다.

仕事が終わってちょっと暇になりました。 　　일이 끝나서 좀 한가해졌습니다.

(3) 명사

> 명사+に+なる :~이 되다

やっと7月になりました。 　　　　　　　　　드디어 7월이 되었습니다.

3月から会社員になります。 　　　　　　　　3월부터 회사원이 됩니다.

田中さんは韓国語の先生になりました。 　　다나카 씨는 한국어 선생님이 되었습니다.

単語 何回も 몇 번이나

1 〈보기〉와 같이 제시어를 이용하여 문장을 변화시킨 후, 읽어 보세요.

· 보기 ·

塩を入れる / おいしい　　→　塩を入れておいしくなりました。

練習をする / 上手だ　　→　練習をして上手になりました。

大学に受かる / 大学生　　→　大学に受かって大学生になりました。

(1) 窓を開ける / 寒い

➡ ＿＿＿＿＿＿＿＿＿＿＿＿＿＿＿＿＿＿＿＿＿＿＿＿ 。

(2) 掃除をする / きれいだ

➡ ＿＿＿＿＿＿＿＿＿＿＿＿＿＿＿＿＿＿＿＿＿＿＿＿ 。

(3) 日本語が好きだ / 日本語の先生

➡ ＿＿＿＿＿＿＿＿＿＿＿＿＿＿＿＿＿＿＿＿＿＿＿＿ 。

(4) たばこをやめる / 元気だ

➡ ＿＿＿＿＿＿＿＿＿＿＿＿＿＿＿＿＿＿＿＿＿＿＿＿ 。

★ 발음 체크 🎧 **11-2**

단어 受かる 붙다　窓 창문　開ける 열다

2 〈보기〉와 같이 제시어를 이용하여 문장을 완성한 후, 읽어 보세요.

보기

冬<ふゆ>になります / 寒<さむ>い

A: 冬<ふゆ>になるとどうなりますか。

B: 寒<さむ>くなります。

(1) 春<はる>になります / 暖<あたた>かい

A: _____ とどうなりますか。

B: _____ なります。

(2) お酒<さけ>を飲<の>みます / おしゃべりだ

A: _____ とどうなりますか。

B: _____ なります。

(3) 会社員<かいしゃいん>になります / 忙<いそが>しい

A: _____ とどうなりますか。

B: _____ なります。

★ 발음 체크 🎧 11-3

단어 冬<ふゆ> 겨울

3 〈보기〉와 같이 제시어를 이용하여 대화해 보세요.

·보기·

① 町　　② 静かだ　　③ にぎやかだ　　④ ここ　　⑤ 人々が多い

A: 昔と比べて ①町は どう 変わりましたか。

B: 前は ②静かでしたけど、今は ③にぎやかになりました。

A: ④ここはどうですか。

B: ④ここも前より ⑤人々が 多くなりました。

(1)　① 日本語　　　② 下手だ　　　③ 少し上手だ
　　　④ 漢字　　　　⑤ 読める

(2)　① 身長　　　　② 低い　　　③ 10センチ高い
　　　④ 体重　　　　⑤ 5キロぐらい重い

(3)　① 聞き取り　　② だめだ　　③ 少し聞き取れる
　　　④ 会話　　　　⑤ 長く話せる

(4)　① パソコン　　② 重い　　③ 軽い
　　　④ 携帯電話　　⑤ 便利だ

★ 발음 체크 🎧 11-4

·단어· 　町 마을, 동네　人々 사람들　比べる 비교하다　変わる 바뀌다, 변화되다　身長 신장
低い 낮다, 작다　体重 체중　軽い 가볍다　聞き取り 청취

1 녹음을 듣고 빈칸을 적어 보세요. 🎧 11-5

(1) お酒を飲むと顔が＿＿＿＿＿＿＿＿。

(2) 前は運動が＿＿＿＿＿＿＿けど、今は＿＿＿＿＿＿＿。

(3) ＿＿＿＿＿＿＿＿＿＿＿＿＿＿＿＿。

(4) 毎日練習して＿＿＿＿＿＿＿＿。

2 녹음을 듣고 내용에 맞는 그림을 찾아보세요. 🎧 11-6

(1) ＿＿ → ＿＿ (2) ＿＿ → ＿＿ (3) ＿＿ → ＿＿ (4) ＿＿ → ＿＿

단어 嫌いだ 싫어하다 少ない 적다

다음 우리말을 일본어로 적어 보세요.

1 전에는 운동을 싫어했지만, 지금은 좋아졌습니다.

_____ 。

2 봄이 되면 따뜻해집니다.

_____ 。

3 술을 마시면 노래를 하고 싶어집니다.

_____ 。

4 친구를 만나면 수다쟁이가 됩니다.

_____ 。

5 매일 30분씩 연습해서 잘하게 되었습니다.

_____ 。

새해 인사말

'새해 복 많이 받으세요'라는 인사 표현은 한국과 일본에서 서로 사용하는 시기가 조금 다릅니다. 일본에서 새해 인사 표현과 사용 시기를 알아 봅시다.

● あけましておめでとうございます。

'새해 복 많이 받으세요'라는 의미로, '연말'과 '연초'에 인사말로 사용하는 한국과 달리,「あけましておめでとうございます」는 신년이 된 후에만 사용하는 인사 표현입니다. 신년이 된 것을 축하하는 표현이기 때문에 연말에는 사용하지 않습니다. 대신, 연말에는「よいお年をお迎えください(좋은 해를 맞이하세요)」라는 인사 표현이 있습니다. 보통,「よいお年を~」라고 인사합니다.

한국어로 해석하면, 둘 다 '새해 복 많이 받으세요'라는 의미이지만, 연말과 신년이 된 후에 사용하는 인사가 다르다는 것에 유의해야 합니다.

12

<ruby>頑張<rt>がんば</rt></ruby>ればできると<ruby>思<rt>おも</rt></ruby>います。

열심히 하면 가능할 것이라고 생각합니다.

01 **〜ば〜** : 〜면

安ければ買います。　　　　　　　　　　싸면 사겠습니다.

おもしろければ見ます。　　　　　　　　재미있으면 보겠습니다.

キムさんが行けば私も行きます。　　　　김 씨가 가면 나도 가겠습니다.

02 **〜なら〜** : 〜한다면 / 〜라면

元気ならいいです。　　　　　　　　　　건강하다면 괜찮습니다.

今日なら行けません。　　　　　　　　　오늘이라면 갈 수 없습니다.

学生ならだめです。　　　　　　　　　　학생이라면 안 됩니다.

03 **〜たら〜** : 〜한다면 / 〜라면

宝くじに当たったら何がしたいですか。　복권에 당첨된다면 무엇이 하고 싶습니까?

生まれ変わったら芸能人になりたいです。다시 태어난다면 연예인이 되고 싶습니다.

もし雨だったら、試合を中止しましょう。만약 비라면, 시합은 중지합시다.

・단어 宝くじ 복권　当たる 당첨되다　生まれ変わる 다시 태어나다　試合 시합　中止 중지

キム　山本さん、この頃元気がないですね。

　　　どうしたんですか。

山本　来週まで新製品のアイデアを出さなければなりませんが、

　　　いいアイデアがなくて…。

キム　それは大変ですね。

　　　でも、山本さんなら、頑張ればできると思いますが…。

　　　もし、手伝うことがあったらいつでも言ってください。

山本　ありがとうございます。何かあったら、そうします。

キム　そうですよ。遠慮しないでいつでも言ってください。

해석

김	야마모토 씨, 요즘에 기운이 없네요.
	무슨 일이세요?
야마모토	다음 주까지 신제품 아이디어를 내야만 하는데,
	좋은 아이디어가 없어서….
김	그거 힘드시겠네요.
	그렇지만, 야마모토 씨라면, 노력하면 할 수 있을 것이라고 생각합니다만….
	혹시, 도울 일이 있으면 언제든지 말해 주세요.
야마모토	감사해요. 무슨 일이 있으면, 그렇게 할게요.
김	그래요. 사양하지 말고 언제든지 말해 주세요.

새단어

この頃 요즘	出す 내다, 제출하다
元気がない 기운이 없다	手伝う 돕다
新製品 신제품	いつでも 언제든지
アイデア 아이디어	遠慮する 삼가다, 사양하다

1 AばB / Aなら(ば)B : A하면 B한다

「AばB / Aなら(ば)B」는 'A하면 B한다'의 의미로 B가 성립하기 위해 필요한 조건을 A에 나타냅니다. 또한, 상대가 말한 내용이나 어떤 상황을 전제로 한, 말하는 사람의 판단을 나타냅니다.

동사 : 어미 う단 → え단+ば

行く 가다 → 行け+ば : 行けば   会う 만나다 → 会え+ば : 会えば

見る 보다 → 見れ+ば : 見れば   来る 오다 → 来れ+ば : 来れば

い형용사 : 어미 い를 지우고+ければ

おいしい 맛있다 → おいし+ければ : おいしければ

忙しい 바쁘다 → 忙し+ければ : 忙しければ

いい 좋다 → よ+ければ : よければ

な형용사 : 어미 だ를 지우고+なら(ば)

まじめだ 성실하다 → まじめ+なら(ば) : まじめなら(ば)

親切だ 친절하다 → 親切+なら(ば) : 親切なら(ば)

명사 : 명사+なら(ば)

学生 학생 → 学生+なら(ば) : 学生なら(ば)

今日 오늘 → 今日+なら(ば) : 今日なら(ば)

お金があれば買います。   돈이 있으면 사겠습니다.

天気がよければ行きます。   날씨가 좋으면 가겠습니다.

A : 黒がないですが…。   검정이 없습니다만….

B : 黒がなければ青でもいいです。   검정이 없으면 파랑도 괜찮습니다.

2 AならB : A한다면 B이다 / A라면 B이다

「AならB」는 A가 나타내는 한정적이고 제한적인 상황에서만, B가 성립하는 'A라면 B이다'의 의미를 나타냅니다. 상대가 말한 내용이나 단어를 반복 사용해서 조언이나 의견을 말할 때 사용합니다.

- 동사·い형용사 : 기본형 + なら
- な형용사 : 어간 + なら
- 명사 : 명사 + なら

A : 山田さんは今どこにいますか。 야마다 씨는 지금 어디에 있습니까?

B : 山田さんならさっき図書館にいました。 야마다 씨라면 조금 전에 도서관에 있었습니다.

A : 温泉に行きたいですね。 온천에 가고 싶습니다.

B : 温泉なら箱根ですね。 온천이라면 하코네입니다.

3 AたらB : A한다면 B이다 / A라면 B이다

「たら」는 가정형 중 가장 많이 사용되는 가정 표현입니다. 「AたらB」의 형태로 '만약 A하면 B한다'라고 하여 'B하기 위해서 A가 되어야 한다'라는 의미를 나타냅니다. 또한, 불확실한 상황이나 현실성이 떨어진 일을 가정할 때도 많이 사용합니다. 접속형은 모든 품사를 「た형」으로 바꾼 뒤에 「ら」를 붙입니다.

もし、宝くじに当たったら、世界旅行に行きたいです。

만약, 복권에 당첨된다면, 세계여행을 가고 싶습니다.

具合が悪かったら、帰って休んでもいいです。

컨디션이 좋지 않으면, 돌아가서 쉬어도 됩니다.

단어 世界 세계

1 〈보기〉와 같이 제시어를 이용하여 가정형으로 만든 후, 읽어 보세요.

• 보기 •

キムさんが行きます / 私も行きます

➡ **キムさんが行けば、私も行きます。**

(1) お金があります / 買います

➡ _____ 。

(2) 子どもです / だめです

➡ _____ 。

(3) 天気がいいです / 山登りに行きます

➡ _____ 。

★ 발음 체크 🎧 **12-2**

• 단어 • 山登り 등산

2 〈보기〉와 같이 제시어를 이용하여 가정형으로 만든 후, 읽어 보세요.

> **·보기·**
>
> 宝<ruby>たから</ruby>くじに 当<ruby>あ</ruby>たります / 新<ruby>あたら</ruby>しい 車<ruby>くるま</ruby>を 買<ruby>か</ruby>います
>
> A: もし、宝<ruby>たから</ruby>くじに 当<ruby>あ</ruby>たったら何<ruby>なに</ruby>がしたいですか。
>
> B: 新<ruby>あたら</ruby>しい 車<ruby>くるま</ruby>が 買<ruby>か</ruby>いたいです。

(1) 明日世界<ruby>あしたせかい</ruby>が 終<ruby>お</ruby>わります / 家族<ruby>かぞく</ruby>と 一緒<ruby>いっしょ</ruby>にいます

A: もし、＿＿＿＿＿＿＿＿＿＿＿＿何<ruby>なに</ruby>がしたいですか。

B: ＿＿＿＿＿＿＿＿＿＿＿＿たいです。

(2) 大学時代<ruby>だいがくじだい</ruby>に 戻<ruby>もど</ruby>ります / 勉強<ruby>べんきょう</ruby>を 頑張<ruby>がんば</ruby>ります

A: もし、＿＿＿＿＿＿＿＿＿＿＿＿何<ruby>なに</ruby>がしたいですか。

B: ＿＿＿＿＿＿＿＿＿＿＿＿たいです。

★ 발음 체크 🎧 **12-3**

·단어· 戻<ruby>もど</ruby>る 돌아가다

3 〈보기〉와 같이 제시어를 이용하여 대화해 보세요.

◦ 보기 ◦

① 旅行（りょこう）に行（い）きます　　② ヨーロッパ

A: ①旅行（りょこう）に行（い）きたいです。

B: ②旅行（りょこう）ならヨーロッパがいいです。

(1) ① 休（やす）みます　　　　　　② 家（うち）

(2) ① 夏（なつ）の服（ふく）を買（か）います　　② Nデパート

(3) ① デートします　　　　　② ドライブ

(4) ① 映画（えいが）を見（み）ます　　　② ラブストーリー

★ 발음 체크 🎧 **12-4**

◦ 단어 ◦ デートする 데이트하다　ドライブ 드라이브　ラブストーリー 러브 스토리

4 〈보기〉와 같이 제시어를 이용하여 대화해 보세요.

보기

① 春^{はる}　　② 花見^{はなみ}　　③ どこ　　④ 上野公園^{うえ の こうえん}

A: もうすぐ①春^{はる}ですね。

B: ①春^{はる}になれば、やっぱり②花見^{はなみ}ですね。

A: ②花見^{はなみ}は、③どこがいいですか。

B: ②花見^{はなみ}なら、④上野公園^{うえ の こうえん}がいいです。

(1) ① 夏休^{なつやす}み　　② バカンス

　　③ どこ　　　　④ 東南^{とうなん}アジア

(2) ① お正月^{しょうがつ}　　② お年玉^{としだま}

　　③ いくら　　　④ 1000円

(3) ① 月末^{げつまつ}　　　② 飲^のみ会^{かい}

　　③ どこ　　　　④ 会社^{かいしゃ}の前^{まえ}の居酒屋^{い ざか や}

(4) ① クリスマス　　② プレゼント

　　③ 何^{なに}　　　　④ お金^{かね}

★ 발음 체크 🎧 **12-5**

단어　花見^{はな み} 꽃놀이　　上野公園^{うえ の こうえん} 우에노 공원　　もうすぐ 이제 곧　　バカンス 바캉스
東南^{とうなん}アジア 동남아시아　　お正月^{しょうがつ} 정월　　居酒屋^{い ざか や} 선술집

1 녹음을 듣고 빈칸을 적어 보세요. 🎧 12-6

(1) 北海道^{ほっかいどう}なら _____。

(2) もし、宝^{たから}くじに 当^あたったら、_____。

(3) _____。

(4) _____、行^いってみたいです。

2 녹음을 듣고 장소와 연관되는 그림을 찾아보세요. 🎧 12-7

(1) ____ → ____   (2) ____ → ____   (3) ____ → ____   (4) ____ → ____

① 北海道^{ほっかいどう}   ② 箱根^{はこ ね}   ③ 上野公園^{うえ の こうえん}   ④ 大阪^{おおさか}

ⓐ    ⓑ    ⓒ    ⓓ

· 단어 · 雪^{ゆき}まつり 눈 축제   箱根^{はこ ね} 지명 (온천으로 유명)

다음 우리말을 일본어로 적어 보세요.

1 복권에 당첨되면, 회사 그만두고 싶습니다.

_____ 。

2 쇼핑 갈 것이라면, 같이 갑시다.

_____ 。

3 맛있으면, 먹겠습니다.

_____ 。

4 아이라면, 무리입니다.

_____ 。

5 남자가 되면 무엇을 하고 싶습니까?

_____ 。

·단어· 無理_{むり}だ 무리이다   男_{おとこ} 남자

13

あのバッグは高そうですね。

저 가방은 비쌀 것 같아요.

01 そうだ : ~일 듯하다 / ~일 것 같다

今にも雨が降りそうです。 　　　　　　지금이라도 비가 내릴 것 같습니다.

明日晴れそうにありません。 　　　　　내일 맑을 것 같지 않습니다.

あの子は頭がよさそうです。 　　　　　저 아이는 머리가 좋을 것 같습니다.

02 ようだ : ~인 듯하다 / ~인 것 같다

道がぬれています。雨が降ったようです。

길이 젖어 있습니다. 비가 온 것 같습니다.

人がいつも並んでいますね。おいしいようです。

사람들이 늘 줄 서 있습니다. 맛있는 것 같습니다.

モデルのようにスタイルがいいです。 　　　모델처럼 스타일이 좋네요.

03 みたいだ : ~인 듯하다 / ~인 것 같다

彼は忙しくて今日は来ないみたいです。 　　그는 바빠서 오늘은 안 올 것 같습니다.

電気が消えていますね。留守みたいです。 　　불이 꺼져 있습니다. 부재중인 듯합니다.

このお酒は薬みたいに苦いです。 　　　　　이 술은 약처럼 씁니다.

단어 今にも 지금이라도　降る 내리다　晴れる 맑다　ぬれる 젖다　並ぶ 정렬 되다. 줄 서다
苦い 쓰다　留守 부재중

キム 田中さんはデパートでよく買い物をしたりしますか。

田中 いいえ、普段は近くのショッピングモールで買い物する

ことが多いです。

でも、今回は母の誕生日ですからちょっといいものを

プレゼントしたくて、デパートにしました。

キム プレゼントは何にするつもりですか。

田中 バッグをプレゼントしたいと思っています。

でも、あのバッグは高そうですね。

キム さっき、一人で店内をちょっと見て来ましたが、

あの店のバッグはブランド品でどれも他の店より

高いようです。

田中 そうでしたか。海外のブランド品みたいですね。

あのブランド品は高すぎて私には買うことができません。

해석

김　　　다나카 씨는 백화점에서 자주 쇼핑하거나 하시나요?

다나카　아니요, 보통은 근처 쇼핑몰에서 쇼핑하는 경우가 많습니다.
　　　　근데, 이번은 어머님 생신이라 조금 좋은 것을 선물하고 싶어서,
　　　　백화점으로 정했습니다.

김　　　선물은 무엇을 하실 생각이세요?

다나카　가방을 선물하고 싶습니다.
　　　　근데, 저 가방은 비쌀 것 같아요.

김　　　조금 전에, 혼자서 상점 안을 좀 보고 왔는데,
　　　　저 매장 가방은 명품이라 모두 다른 가게보다 비싼 거 같아요.

다나카　그러셨어요. 해외 명품 같아요.
　　　　저 명품은 너무 비싸서 제가 살 수 없습니다.

새단어

□ 普段 보통	□ 店内 가게 안, 매장 안
□ ～にする ～으로 하다 (결정의 표현)	□ ブランド品 명품
□ バッグ 가방, 백	□ 他 다른
□ さっき 조금 전에	□ 海外 해외

1 そうだ : ~일 듯하다 / ~일 것 같다

말하는 사람이 본 상황이나 인상을 토대로 한 추측을 나타내는 표현입니다.

	긍정	부정
동사	동사의 ます형+そうだ	동사의 ます형+そうに(も)ない
い형용사	어간+そうだ *いい → よさそうだ ない → なさそうだ	어간+く+なさそうだ
な형용사	어간+そうだ	어간+では+なさそうだ
명사	접속하지 않는다	

동사의 경우는 '눈앞에서 막 일어날 거 같은 일'을 말할 때 사용되며, 「い/な형용사」는 '확인된 사실은 아니지만, 외견을 보면 그럴 거 같다'는 의미로 사용됩니다. 단, い형용사의 「いい」와 「ない」가 특별한 활용을 하는 것과 명사에는 접속하지 않는 것에 주의해야 합니다.

今にも雨が降りそうです。 금방이라도 비가 내릴 것 같습니다.

明日晴れそうにありません。 내일 맑을 것 같지 않습니다.

あの子は頭がよさそうです。 저 아이는 머리가 좋을 것 같습니다.

机も椅子も全部丈夫そうです。 책상도 의자도 튼튼할 것 같습니다.

これはあまり便利じゃなさそうです。 이것은 별로 편리하지 않을 것 같습니다.

단어 机 책상　椅子 의자　丈夫だ 튼튼하다

2 ようだ : ~인 듯하다 / ~인 것 같다

자신의 느낌이나 관찰을 통해 얻은 근거를 토대로 한 주관적인 추측입니다.

동사의 보통체	
い형용사의 보통체	
な형용사의 어간+な, 보통체(과거, 부정)	+ようだ
명사+の, 보통체(과거, 부정)	

<ruby>道<rt>みち</rt></ruby>がぬれています。<ruby>雨<rt>あめ</rt></ruby>が<ruby>降<rt>ふ</rt></ruby>ったようです。　　　길이 젖어 있습니다. 비가 온 것 같습니다.

<ruby>人<rt>ひと</rt></ruby>がいつも<ruby>並<rt>なら</rt></ruby>んでいます。おいしいようです。　사람들이 늘 줄 서 있습니다. 맛있는 것 같습니다.

또, ようだ는 비유와 예시의 표현으로 쓰이기도 합니다.

まるで、<ruby>人形<rt>にんぎょう</rt></ruby>のようですね。　　　　　마치, 인형 같습니다.

3 みたいだ : ~인 듯하다 / ~인 것 같다

「ようだ」와 같은 용법으로 사용되지만, 회화체에서 더 많이 사용됩니다.

동사의 보통체	
い형용사의 보통체	
な형용사의 어간(현재), 보통체(과거, 부정)	+みたいだ
명사, 보통체(과거, 부정)	

<ruby>彼<rt>かれ</rt></ruby>は<ruby>忙<rt>いそが</rt></ruby>しくて<ruby>今日<rt>きょう</rt></ruby>は<ruby>来<rt>こ</rt></ruby>ないみたいです。　그는 바빠서 오늘은 안 올 것 같습니다.

<ruby>電気<rt>でんき</rt></ruby>が<ruby>消<rt>き</rt></ruby>えていますね。<ruby>留守<rt>るす</rt></ruby>みたいです。　불이 꺼져 있습니다. 부재중인 듯합니다.

「みたいだ」도 「ようだ」처럼 비유와 예시의 표현으로 쓰입니다.

<ruby>薬<rt>くすり</rt></ruby>みたいな<ruby>苦<rt>にが</rt></ruby>いお<ruby>酒<rt>さけ</rt></ruby>は<ruby>飲<rt>の</rt></ruby>めません。　　약처럼 쓴 술은 못 마십니다.

단어 ・ <ruby>人形<rt>にんぎょう</rt></ruby> 인형

1 〈보기〉와 같이 제시어를 이용하여 미래형으로 만든 후, 읽어 보세요.

· 보기 ·

雨が降ります。

➡ 雨が降りそうです。

(1) ペンが落ちます。　　　➡ ＿＿＿＿＿＿＿＿＿＿＿＿＿＿＿＿＿＿＿。

(2) 忙しいです。　　　　　➡ ＿＿＿＿＿＿＿＿＿＿＿＿＿＿＿＿＿＿＿。

(3) 真面目です。　　　　　➡ ＿＿＿＿＿＿＿＿＿＿＿＿＿＿＿＿＿＿＿。

(4) 木が倒れます。　　　　➡ ＿＿＿＿＿＿＿＿＿＿＿＿＿＿＿＿＿＿＿。

(5) 仕事がありません。　　➡ ＿＿＿＿＿＿＿＿＿＿＿＿＿＿＿＿＿＿＿。

(6) あの子は頭がいいです。　➡ ＿＿＿＿＿＿＿＿＿＿＿＿＿＿＿＿＿＿＿。

★ 발음 체크 🎧 13-2

· 단어 · 落ちる 떨어지다　真面目だ 성실하다　倒れる 쓰러지다

2 〈보기〉와 같이 제시어를 이용하여 문장을 완성한 후, 읽어 보세요.

> **・보기・**
>
> 事故です
>
> A: 人が集まっていますね。
>
> B: 事故のようです。

(1) 風邪をひきました

A: 具合が悪いですか。

B: _____ ようです。

(2) 留守です

A: 電気が消えていますね。

B: _____ ようです。

(3) おいしいです

A: いつも人が並んでいますね。

B: _____ ようです。

★ 발음 체크 🎧 **13-3**

3 〈보기〉와 같이 제시어를 이용하여 문장을 완성한 후, 읽어 보세요.

· 보기 ·

何か悪いことがありました

A: 彼女はさっきからずっと泣いています。

B: <u>何か悪いことがあった</u>みたいですね。

(1) あの番組はおもしろいです

A: みんな笑っていますね。

B: ＿＿＿＿＿＿＿＿＿＿＿＿＿みたいですね。

(2) あの歌流行っています

A: みんなさっきからずっと同じ歌を歌っていますね。

B: ＿＿＿＿＿＿＿＿＿＿＿＿＿みたいですね。

(3) 田中さんが好きです

A: 鈴木さんいつも田中さんのことを聞いていますね。

B: ＿＿＿＿＿＿＿＿＿＿＿＿＿みたいですね。

★ 발음 체크 🎧 13-4

· 단어 · 泣く 울다　番組 프로그램　笑う 웃다　流行る 유행하다　同じ 같은

4 〈보기〉와 같이 제시어를 이용하여 대화해 보세요.

> ・보기・
>
> ① 事故がある　　② 救急車が来ている　　③ 人がけがをする
>
> A: どうしたんですか。
> B: ①事故が あったようです。
> A: そうですね。②救急車が来ていますね。
> B: ③人がけがをしたみたいです。

(1) ① 雨が降る　　　　　　　　② 道がぬれている
　　③ 雨はもう止む

(2) ① 鈴木さんがケーキを作る　　② いいにおいがする
　　③ 子どもの誕生日だ

(3) ① 田中さんが会社をやめる　　② 机の上がきれいだ
　　③ リストラ

(4) ① あの人お酒を飲む　　　　② 顔が赤い
　　③ 飲み会

★ 발음 체크 🎧 **13-5**

〈단어〉　救急車 구급차　けがをする 다치다　止む 그치다　においがする 냄새가 나다
リストラ 구조조정

1 녹음을 듣고 빈칸을 적어 보세요.　🎧 13-6

(1) 今<small>いま</small>にも雨<small>あめ</small>が＿＿＿＿＿＿＿＿＿＿＿＿。

(2) 前<small>まえ</small>の人<small>ひと</small>お酒<small>さけ</small>を＿＿＿＿＿＿＿＿＿＿。

(3) ＿＿＿＿＿＿＿＿＿＿＿＿＿＿＿＿＿。

(4) ＿＿＿＿＿＿＿＿＿＿＿＿＿＿＿＿＿。

2 녹음을 듣고 내용에 맞는 그림을 찾아보세요.　🎧 13-7

(1)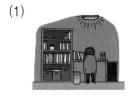

(　　　)　(　　　)

(2)

(　　　)　(　　　)

(3)

(　　　)　(　　　)

(4)

(　　　)　(　　　)

• 단어 • 台風<small>たいふう</small> 태풍

다음 우리말을 일본어로 적어 보세요.

1 감기에 걸린 것 같습니다. (みたいだ)

_____ 。

2 (눈으로 보고) 맛있을 것 같습니다.

_____ 。

3 부재중인 것 같습니다.

_____ 。

4 머리가 좋을 것 같습니다.

_____ 。

5 비가 올 것 같지도 않습니다.

_____ 。

14

<ruby>田中<rt>た なか</rt></ruby>さんが<ruby>結婚<rt>けっこん</rt></ruby>するそうです。

다나카 씨가 결혼한다고 합니다.

01 ～そうだ : ～(라)고 합니다

遠くて一人では行けないそうです。　　　　멀어서 혼자는 갈 수 없다고 합니다.

人が多くて大変だったそうです。　　　　사람이 많아서 힘들었다고 합니다.

明日から梅雨だそうです。　　　　내일부터 장마라고 합니다.

田中さんは真面目じゃなかったですけど、最近真面目になったそうです。

다나카 씨는 성실하지 않았습니다만, 최근에 성실해졌다고 합니다.

02 ～らしい : ～인 것 같다

田中さんは来月結婚するらしいです。　　　다나카 씨는 다음 달에 결혼할 것 같습니다.

キムさんはみんなに親切らしいです。　　　김 씨는 모두에게 친절한 것 같습니다.

彼氏ができたらしいです。　　　　남자친구가 생긴 것 같습니다.

涼しくて夏の天気らしくないです。　　　시원해서 여름 날씨 같지 않습니다.

・단어・ 遠い 멀다　　梅雨 장마　　真面目だ 성실하다　　できる 할 수 있다, 생기다, 완성되다
涼しい 시원하다

鈴木 　キムさん、田中さんが結婚するそうです。

キム 　そうですね。私もイさんから聞きました。

　　　　5年付き合った方と結婚するらしいですよ。

鈴木 　そんなに長く付き合ったんですか。

　　　　結婚式には参加しますか。

キム 　私は参加しようと思っています。

　　　　鈴木さんはどうするつもりですか。

鈴木 　私は来週から海外の出張ですから、

　　　　参加できないと思います。

キム 　それは残念ですね。

해석

스즈키	김 씨, 다나카 씨가 결혼한다고 합니다.
김	그러게요. 저도 이 씨에게 들었습니다.
	5년 사귄 분과 결혼하는 것 같아요.
스즈키	그렇게 길게 사귀었나요?
	결혼식에는 참석할 건가요?
김	저는 참석하려고 생각하고 있습니다.
	스즈키 씨는 어떻게 할 생각입니까?
스즈키	저는 다음 주부터 해외 출장이라서, 참석 못 할 것 같습니다.
김	그거 아쉽네요.

새단어

けっこん □ 結婚する 결혼하다	けっこんしき □ 結婚式 결혼식
つ あ □ 付き合う 사귀다	さん か □ 参加する 참가하다, 참석하다
ほう □ 方 분 (人의 높임말)	かいがい □ 海外 해외
なが □ 長く 길게, 오래	ざんねん □ 残念だ 유감이다

1 (전언) そうだ : ~(라)고 합니다

말하는 사람이 듣거나 읽거나 해서 얻은 정보를 그대로 다른 사람에게 전달할 때 사용하는 표현입니다. 정보의 출처는 「~によると、~によれば」 등으로 나타냅니다. 접속형은 다음과 같습니다.

동사 보통체	
い형용사 보통체	+そうだ
な형용사 보통체	
명사だ, 보통체(과거, 부정)	

ひと おお たいへん
人が多くて大変だったそうです。

사람이 많아서 힘들었다고 합니다.

みせ しんせつ
あの店は親切でおいしいそうです。

저 가게는 친절하고 맛있다고 합니다.

き むら むかし ゆうめい
木村さんは昔は有名じゃなかったそうです。

키무라 씨는 옛날에는 유명하지 않았다고 합니다.

てん き よ ほう あした つ ゆ
天気予報によると、明日から梅雨だそうです。

일기예보에 의하면, 내일부터 장마라고 합니다.

すず き か ぜ きのうさん か
鈴木さんは風邪で昨日参加できなかったそうです。

스즈키 씨는 감기로 어제 참가하지 못했다고 합니다.

단어 　むかし　　　　　てん き よ ほう
　　　昔 옛날　　天気予報 일기예보　　~によると ~에 의하면

2 ~らしい : ~인 것 같다

말하는 사람이 보거나 듣거나 한 것을 통해, 판단한 내용을 말하고자 할 때 사용하는 표현입니다. 접속형은 다음과 같습니다.

동사의 보통체	
い형용사의 보통체	+らしい
な형용사의 어간(현재), 보통체(과거, 부정)	
명사, 보통체(과거, 부정)	

田中さんは結婚したらしいです。　　　　다나카 씨는 결혼한 것 같습니다.

もうすぐ来るらしいです。　　　　이제 곧 올 것 같아요.

あの店はいつも人が多いらしいです。

저 가게는 항상 사람이 많은 것 같습니다.

단, 「명사+らしい」는 '~답다'의 의미로 「らしい」 앞에 오는 명사가 그 본래의 성질을 가지고 있다고 표현하고 싶을 때 사용합니다.

今日は涼しくて、あまり夏らしくないです。

오늘은 시원해서, 별로 여름 같지 않네요.

あの人は男らしくて人気者です。

저 사람 남자다워서 인기가 많은 사람이에요.

・단어・　もうすぐ 이제 곧　　いつも 항상　　涼しい 시원하다

1 〈보기〉와 같이 제시어를 이용하여 문장을 완성한 후, 읽어 보세요.

·보기·

らいねん がっこう い
来年から学校へ行きます。

らいねん がっこう い
➡ 来年から学校へ行くそうです。

てんきよほう あした つゆ
(1) 天気予報によると明日から梅雨です。

➡ _____。

たなか かえ き
(2) 田中さんはもうすぐ帰って来ます。

➡ _____。

えいが
(3) あの映画はおもしろかったです。

➡ _____。

★발음 체크 🎧 14-2

2 〈보기〉와 같이 제시어를 이용하여 문장을 완성한 후, 읽어 보세요.

· 보기 ·

事故がありました。

➡ 事故があったらしいです。

(1) 鈴木さんは中国にいません。

➡ _____。

(2) 木村さんはみんなに親切です。

➡ _____。

(3) 明日から台風が来ます。

➡ _____。

★ 발음 체크 🎧 **14-3**

3 〈보기〉와 같이 제시어를 이용하여 대화해 보세요.

보기

① 嬉^{うれ}しいです　　② 来月結婚^{らいげつけっこん}します　　③ ハワイで結婚^{けっこん}します

A: 田中^{た なか}さん ①嬉^{うれ}しそうですね。

B: ②来月結婚^{らいげつけっこん}するそうです。

A: 本当^{ほんとう}ですか。

B: ③ハワイで結婚^{けっこん}するそうです。

(1) ① 悲^{かな}しいです　　② 恋人^{こいびと}と別^{わか}れました

　　③ けんかしました

(2) ① 嬉^{うれ}しいです　　② 彼氏^{かれ し}ができました

　　③ ハンサムで親切^{しんせつ}な 人です

(3) ① 元気^{げん き}がないです　　② 大学^{だいがく}に落^おちました

　　③ 軍隊^{ぐんたい}へ行^いきます

(4) ① 何^{なに}かあります　　② 宝^{たから}くじに当^あたりました

　　③ 海外^{かいがい}へ行^いきます

★ 발음 체크 🎧 14-4

단어 嬉^{うれ}しい 기쁘다　悲^{かな}しい 슬프다　恋人^{こいびと} 애인　別^{わか}れる 헤어지다　けんかをする 싸우다
軍隊^{ぐんたい} 군대

4 〈보기〉와 같이 제시어를 이용하여 대화해 보세요.

·보기·

① 彼氏と別れました　　② どうして　　③ けんかしました

A: 鈴木さん、知っていますか。

B: 何ですか？

A: 田中さんが ①彼氏と別れたらしいです。

B: 本当ですか。②どうして？

A: ③けんかをしたらしいです。

(1) ① 結婚する　　　　　② どこで
　　③ 日本でします

(2) ① 留学に行きます　　② いつ
　　③ 来月行きます

(3) ① 入院しました　　　② どうして
　　③ けがをしました

(4) ① 宝くじに 当たりました　② いくら
　　③ 10億です

★ 발음 체크 🎧14-5

·단어·　知る 알다　留学 유학　入院 입원　けがをする 다치다　億 ~억

1 녹음을 듣고 빈칸을 적어 보세요. 🎧 14-6

(1) さっきご飯を＿＿＿＿＿＿＿＿＿＿＿＿＿＿＿。

(2) 来週＿＿＿＿＿＿＿＿＿＿＿＿＿＿＿＿。

(3) ＿＿＿＿＿＿＿＿＿＿＿＿＿＿＿＿＿＿。

(4) 今日は＿＿＿＿＿＿＿＿＿＿＿＿＿＿＿。

2 녹음을 듣고 정보의 출처를 그림에서 찾아보세요. 🎧 14-7

(1) ＿＿＿＿＿ (2) ＿＿＿＿＿ (3) ＿＿＿＿＿ (4) ＿＿＿＿＿

①

パク

②

天気予報

③

うわさ

④

鈴木

〔단어〕 うわさ 소문

 **쓰기 연습**

다음 우리말을 일본어로 적어 보세요.

1 한 번도 만난 적이 없다고 합니다.

_____ 。

2 다음 주에 여행 간다고 하는 것 같습니다.

_____ 。

3 여자친구와 함께 가면 헤어진다고 합니다.

_____ 。

4 맛있지만, 불친절하다고 하는 것 같습니다.

_____ 。

5 여성스러운 옷입니다.

_____ 。

•단어• 不親切だ 불친절하다　服 옷　女 여자

15

<ruby>店長<rt>てんちょう</rt></ruby>に<ruby>怒<rt>おこ</rt></ruby>られたんです。

점장님에게 혼났습니다.

01 **Aは Bに ～(ら)れる** : A는 B에게 ～되다/～하여지다

(私は) 先生に叱られました。 선생님께 혼났습니다.

(私は) 社長にほめられました。 사장님께 칭찬받았습니다.

02 **Aは Bに Cを ～(ら)れる** : A는 B에게 C를 ～ 당하다/받다

(私は) 隣の人に足を踏まれました。 옆 사람이 (내) 발을 밟았습니다.

(私は) 友だちにお弁当を食べられました。 친구가 내 도시락을 먹었습니다.

03 **Aに ～(ら)れる** : A에게 ～ 당하다/받다

赤ちゃんに泣かれて、眠れませんでした。 아기가 울어서, 잠을 잘 수 없었습니다.

友だちに遊びに来られて勉強できませんでした。

친구가 놀러 와서 공부를 할 수 없었습니다.

04 **Aは ～(ら)れる** : A는 ～되다/～하여지다

あの歌手は日本で人気があると言われています。

저 가수는 일본에서 인기 있다고 합니다.

あの寺は768年に建てられました。 저 절은 768년에 지어졌습니다.

> **단어** 叱る 혼내다 ほめる 칭찬하다 足 발 踏む 밟다 歌手 가수 寺 절
> 建てる 세우다, 짓다

キム　山本さんはバイトしたことがありますか。

山本　大学生の時、居酒屋でバイトしたことがあります。

キム　私も、大学生の時、コンビニでバイトをしました。

　　　その時、店長によく怒られました。

　　　山本さんは、バイト先で怒られたことはありませんか。

山本　私も注文の間違いで怒られたことがあります。

キム　でも、バイトの経験はいろいろと結構役に立ちますね。

山本　確かにそうですね。

해석

김	야마모토 씨는 아르바이트해 본 적 있으세요?
야마모토	대학생 때, 이자카야에서 아르바이트한 적이 있습니다.
김	저도, 대학생 때, 편의점에서 아르바이트했습니다.
	그때, 점장님한테 자주 혼났어요.
	야마모토 씨는, 아르바이트하던 곳에서 혼난 적 없으세요?
야마모토	저도 주문이 틀려서 혼난 적 있어요.
김	그래도, 아르바이트 경험은 여러모로 꽤 도움이 되네요.
야마모토	분명 그래요.

새단어

てんちょう □ 店長 점장	けいけん □ 経験 경험
おこ □ 怒る 화내다	□ いろいろ 여러모로
□ バイト 아르바이트	けっこう □ 結構 꽤
さき □ バイト先 아르바이트하는 곳	やく た □ 役に立つ 도움이 되다
ちゅうもん □ 注文 주문	たし □ 確かに 분명, 확실히

1 수동문

[능동문] 先生が私をほめました。   선생님께서 나를 칭찬했습니다.

[수동문] 私は先生にほめられました。   나는 선생님께 칭찬받았습니다.

능동문의 주어와 목적어를 각각 수동문으로 이동시킨 후, 동사를 수동형으로 바꿔줍니다. 수동문은 능동문과 달리 행위를 받거나 당한 쪽이 중심이 되며, 수동문을 그대로 직역하면 부자연스러울 수 있으므로, 자연스러운 능동문으로 해석하는 경우가 많습니다.

1그룹 : 어미 う단 → あ단+れる

行く 가다   → 行か+れる : 行かれる   降る 내리다   → 降ら+れる : 降られる

叱る 혼내다   → 叱ら+れる : 叱られる   踏む 밟다   → 踏ま+れる : 踏まれる

盗む 훔치다   → 盗ま+れる : 盗まれる   笑う 웃다   → 笑わ+れる : 笑われる

「会う」와 같이 う로 끝나는 동사는 어미가 わ로 바뀝니다.

2그룹 : 어미 る를 지우고+られる

見る 보다   → 見+られる : 見られる

ほめる 칭찬하다 → ほめ+られる : ほめられる

3그룹 : 불규칙 동사

来る 오다   → 来られる   する 하다   → される

2 Aは Bに 〜(ら)れる :A는 B에게 〜되다/〜하여지다

B에게 행위를 받은(당한) A의 입장에서 표현하는 형식입니다. 행위를 한 A에 조사「に」를 붙여서 나타냅니다.

(私は) 母に呼ばれました。　　　　　엄마가 불렀습니다.

(私は) 先生に叱られました。　　　　선생님께 혼났습니다.

3 Aは Bに Cを 〜(ら)れる :A는 B에게 C를 〜 당하다/받다

B가 A의 신체 일부나 소유물 등에 어떤 행위를 하고 그 행위를 받은(당한) A의 입장에서 표현하는 형식입니다. 대부분의 경우, B가 한 행위를 A가 달갑지 않게 여기고 있음을 나타냅니다.

隣の人が私の足を踏みました。

私は隣の人に足を踏まれました。　　　옆 사람이 (내) 발을 밟았습니다.

友だちが私のお弁当を食べました。

→ 私は友だちにお弁当を食べられました。　　친구가 (내) 도시락을 먹었습니다.

弟が私の自転車を壊しました。

→ 私は弟に自転車を壊されました。　　　남동생이 (내) 자전거를 망가뜨렸습니다.

단어　呼ぶ 부르다

4 **Aに ～(ら)れる** : A에게 ～ 당하다/받다

기본적으로 수동문을 만들기 위해서는 목적어가 있어야 하므로 타동사인 경우가 일반적입니다. 그러나 일본어는 자동사로 수동문을 만들기도 합니다. 자동사 수동은 주어에게 피해가 되는 상황이 많습니다. 그러므로 '피해수동'이라고도 합니다.

雨に降られて、風邪をひいてしまいました。　　　비를 맞아서, 감기에 걸렸습니다.

赤ちゃんに泣かれて、眠れませんでした。　　　아기가 울어서, 잠을 못 잤습니다.

友だちに遊びに来られて、勉強できませんでした。

친구가 놀러 와서, 공부를 할 수 없었습니다.

5 **Aは ～(ら)れる** : A는 ～되다/～하여지다

행위를 한 주체가 불특정하거나, 누구에 의한 행위인지 중요하지 않은 경우의 표현 형식입니다. 이러한 경우에는 어떤 사실을 객관적으로 서술하는 표현으로 주어 자리에 무생물이 오는 경우가 많습니다.

2002年ワールドカップは韓国と日本で開かれました。

2002년 월드컵은 한국과 일본에서 열렸습니다.

あの歌手は日本で人気があると言われています。

저 가수는 일본에서 인기가 있다고 합니다.

あの寺は768年に建てられました。

저 절은 768년에 지어졌습니다.

단어 赤ちゃん 아기　　眠る 자다　　ワールドカップ 월드컵　　開く 열다

1

〈보기〉와 같이 「(ら)れる」 표현으로 바꾼 후, 읽어 보세요.

· 보기 ·

先生(せんせい)が私(わたし)を叱(しか)りました。

→ 私(わたし)は先生(せんせい)に叱(しか)られました。

(1) 母(はは)が私(わたし)を1時間(じかん)も早(はや)く起(お)こしました。

➡ _____ 。

(2) 先生(せんせい)が私(わたし)を呼(よ)びました。

➡ _____ 。

(3) 先生(せんせい)が私(わたし)をほめました。

➡ _____ 。

★ 발음 체크 🎧 **15-2**

· 단어 · 起(お)こす 깨우다

2 〈보기〉와 같이 「(ら)れる」 표현으로 바꾼 후, 읽어 보세요.

· 보기 ·

先生(せんせい)が私(わたし)の作文(さくぶん)をほめました。

➡ 私(わたし)は先生(せんせい)に作文(さくぶん)をほめられました。

(1) 弟(おとうと)が私(わたし)のパソコンを壊(こわ)しました。

➡ _____ 。

(2) 母(はは)が私(わたし)の日記(にっき)を読(よ)みました。

➡ _____ 。

(3) 子(こ)どもが私(わたし)の服(ふく)を汚(よご)しました。

➡ _____ 。

★ 발음 체크 🎧 15-3

· 단어 · 作文(さくぶん) 작문   日記(にっき) 일기   汚(よご)す 더럽히다

3 〈보기〉와 같이 질문에 답한 후, 읽어 보세요.

・보기・

このビルはいつ建てましたか。(1990年)

➡ 1990年に建てられました。

(1) いつこの絵を描きましたか。

(100年前) ➡ _____。

(2) 誰がこの記事を読みますか。

(世界中)   ➡ _____。

(3) いつこの本を書きましたか。

(去年)   ➡ _____。

(4) 5月のテストはいつ行いますか。

(4週目の水曜日) ➡ _____。

★발음 체크 🎧 15-4

・단어・ 記事 기사   世界中 전 세계   去年 작년   行う 행하다, 실시하다   目 ～째

4 〈보기〉와 같이 제시어를 이용하여 대화해 보세요.

・보기

① 課長が 怒る　　② 朝寝坊して 遅れる　　③ 遅れない

A: どうしたんですか。

B: ①課長に怒られたんです。

A: どうして？

B: ②朝寝坊して遅れたんです。

A: これからは ③遅れない 方がいいですね。

(1)　① 先生が叱る　　　　　② 宿題を忘れてしない
　　　③ 宿題を忘れないでする

(2)　① 彼女がたたく　　　　② 約束を守らない
　　　③ ちゃんと約束を守る

(3)　① みんなが笑う　　　　② 授業中に居眠りをしてしまう
　　　③ 夜早く寝る

(4)　① 雨が降る　　　　　　② 傘を持って来ない
　　　③ 天気予報を見る

★ 발음 체크 🎧 15-5

・단어　朝寝坊をする 늦잠 자다　　忘れる 잊어버리다　　たたく 때리다　　守る 지키다
　　　　ちゃんと 제대로　　居眠りをする 졸다

1 녹음을 듣고 빈칸을 적어 보세요. 🎧 15-6

(1) 最近若者によく＿＿＿＿＿＿本です。
<small>さいきんわかもの</small> <small>ほん</small>

(2) 先生に＿＿＿＿＿＿＿＿＿＿＿＿＿。
<small>せんせい</small>

(3) 1997年に＿＿＿＿＿＿＿＿＿＿。
<small>ねん</small>

(4) ＿＿＿＿＿＿＿＿＿＿＿＿＿＿＿。

2 녹음을 듣고 내용에 맞는 그림을 찾아보세요. 🎧 15-7

(1) ＿＿＿＿＿ (2) ＿＿＿＿＿ (3) ＿＿＿＿＿ (4) ＿＿＿＿＿

①

②

③

④

·단어· 若者 젊은 사람
<small>わかもの</small>

다음 우리말을 일본어로 적어 보세요.

1 전철에서 옆 사람이 (내) 발을 밟았습니다.

_____。

2 남동생이 컴퓨터를 망가뜨렸습니다.

_____。

3 친구가 놀러 와서 공부를 못 했습니다.

_____。

4 엄마는 매일 일찍 깨웁니다.

_____。

5 생일 파티에 초대했습니다.

_____。

단어 隣の人(となりのひと) 옆 사람　足(あし) 발　踏む(ふむ) 밟다　招待する(しょうたい) 초대하다

일본의 식사 예절

일본의 기본 식사 예절과 주의 사항 등을 알아 봅시다.

● 젓가락 사용

일본 음식은 특별한 경우를 제외하고는 젓가락만을 사용합니다. 숟가락은 거의 사용하지 않습니다.

● 먹는 방법

밥그릇은 왼손으로 들고 먹는 것이 일반적입니다. 대부분의 그릇이 금속제가 아니므로 손에 들고 먹어도 뜨겁지 않습니다. 된장국도 젓가락을 사용하고 국물을 마실 때는 국그릇을 입에 대고 마십니다.

● 주의 사항

일본 음식은 섞거나 말거나 하지 않고 먹는 것을 기본으로 합니다. 무엇보다 젓가락과 젓가락을 사용해서 음식을 주고받는 것은 금기시하고 있습니다. 왜냐하면 일본에서는 사람이 죽었을 때 화장을 하는데 이때 두 사람이 죽은 사람의 뼈를 같이 집어서 항아리에 넣는 풍습을 연상시키기 때문입니다. 한국에서는 거리낌 없이 사용할 수 있는 방법이지만 일본에서는 주의해야 할 식사 예절 중 하나입니다.

16

子^こどもの時^{とき}、

どんなことをよくさせられましたか。

어렸을 때, 어떤 일을 자주 시키셨습니까?

01 **Aは Bを 〜(さ)せる** : A는 B를 〜하게 하다 (시키다)

あの映画は人々を笑わせました。　　　저 영화는 사람들을 웃게 했습니다.

母は子どもを塾に行かせました。　　　엄마는 아이를 학원에 보냈습니다.

02 **Aは Bに Cを 〜(さ)せる** : A는 B에게 C를 〜하게 하다 (시키다)

医者はキムさんにたばこをやめさせました。　의사는 김 씨에게 담배를 끊게 했습니다.

母は私に部屋の掃除をさせました。　　　엄마는 나에게 방 청소를 하게 했습니다.

03 **사역수동 Aは Bに Cを 〜(さ)せられる** : A는 B로 인해 C를 (억지로, 마지못해) 〜하게 되다

私は母に野菜を食べさせられました。

나는 엄마 때문에 억지로 야채를 먹게 되었습니다.

子どもの時、私は母にピアノを習わせられました。

어렸을 때, 나는 엄마 때문에 마지못해 피아노를 배우게 되었습니다.

04 **〜(さ)せてください** : 〜하게 해 주세요

休ませてください。　　　　　　　　쉬게 해 주세요.

明日発表させてください。　　　　　내일 발표하게 해 주세요.

단어 塾 학원　　野菜 야채

キム　最近の子どもたちは学校が終わってからも、

塾や習いごとで忙しいようです。

田中　そうですね。私の友だちも自分の子どもを3つの習い事に

通わせているらしいですよ。

キム　それは子どもが大変そうです。

田中さんは、子どもの時、両親にどんなことを

させられましたか。

田中　私は剣道を習わせられました。

子どもの時は好きじゃなかったですけど、

今は趣味でやっています。

キムさんもやってみませんか。

キム　私も習ってみたいと思っていました。

今度一度連れて行ってください。

田中　はい、わかりました。

해석

김   최근 아이들은 학교가 끝나고 나서도,

             학원이나 배우러 다니는 일 등으로 바쁜 것 같아요.

다나카   그러게요. 제 친구도 자기 아이에게 3개나 배우러 다니게 하고 있다고 하네요.

김   그거 아이가 힘들겠어요.

             다나카 씨는, 어렸을 때, 부모님이 어떤 것을 시키셨습니까?

다나카   저는 검도를 배우게 하셨어요.

             어렸을 때는 좋아하지 않았는데, 지금은 취미로 하고 있습니다.

             김 씨도 해 보시지 않을래요?

김   저도 배워 보고 싶다고 생각했습니다만.

             다음에 다나카 씨가 한 번 데려가 주세요.

다나카   네, 알겠습니다.

새단어

さいきん ◦ 最近 최근	かよ ◦ 通う 다니다
じゅく ◦ 塾 학원	りょうしん ◦ 両親 부모님
なら ごと ◦ 習い事 배우는 일	けんどう ◦ 剣道 검도
じ ぶん ◦ 自分 본인, 자신	つ い ◦ 連れて行く 데리고 가다

1 동사의 사역형 : ~하게 하다 (시키다)

사역동사는 부모와 자식, 같은 회사의 상사와 부하 등 분명한 상하관계에서 윗사람이 아랫사람에게 지시 또는 명령을 내려 어떠한 행동을 하게 한다는 의미입니다.

1그룹 : 어미 う단 → あ단+せる

行く 가다 → 行か+せる : 行かせる   話す 말하다 → 話さ+せる : 話させる

待つ 기다리다 → 待た+せる : 待たせる   飲む 마시다 → 飲ま+せる : 飲ませる

会う 만나다 → 会わ+せる : 会わせる

「会う」와 같이 「う」로 끝나는 동사는 「わ」로 바꾸고 「せる」를 붙입니다.

2그룹 : 어미 る를 지우고+させる

食べる 먹다 → 食べ+させる : 食べさせる

見る 보다 → 見+させる : 見させる

起きる 일어나다 → 起き+させる : 起きさせる

3그룹 : 불규칙 활용

来る 오다 → 来させる   する 하다 → させる

2 Aは Bを ~(さ)せる : A는 B를 ~하게 하다 (시키다)

지시 또는 명령을 받아 행동하는 주체를 조사 「を」로 나타냅니다.

母は私を塾に通わせました。   엄마는 나를 학원에 다니게 하셨습니다.

先生は学生を走らせました。   선생님은 학생을 달리게 했습니다.

3 Aは Bに Cを ～(さ)せる　:A는 B에게 C를 ～하게 하다 (시키다)

지시 또는 명령을 받아 행동을 하는 주체를 조사 「に」로 나타내며, 지시 또는 명령 내용을 조사 「を」로 나타냅니다.

先生(せんせい)は私(わたし)たちに勉強(べんきょう)をさせました。　　　선생님은 우리에게 공부를 시켰습니다.

医者(いしゃ)は田中(たなか)さんにお酒(さけ)をやめさせました。　　의사는 다나카 씨에게 술을 끊게 하셨습니다.

4 사역수동 Aは Bに Cを ～(さ)せられる

　　: A는 B로 인해 C를 (억지로, 마지못해) ～하게 되다

사역수동은 누군가로부터 지시 또는 명령을 받아 자신이 하고 싶지 않은 일을 억지로/마지못해서 하게 되었다는 의미를 나타냅니다.

$$行(い)かせる + られる → 行(い)かせられる (=行(い)かされる)$$
$$（せられる의 줄임말）$$

私(わたし)は母(はは)に野菜(やさい)を食(た)べさせられました。　　나는 엄마 때문에 억지로 야채를 먹게 되었습니다.

私(わたし)は先輩(せんぱい)にお酒(さけ)を飲(の)ませられました(飲(の)まされました)。

나는 선배 때문에 마지못해 술을 마시게 되었습니다.

5 ～(さ)せてください　:～하게 해 주세요

상대방에게 자신이 하고 싶은 일을 할 수 있게 해 달라는 허가를 구하는 표현입니다.

休(やす)ませてください。　　　　　　　　　쉬게 해 주세요.

明日(あした)発表(はっぴょう)させてください。　　　　　　내일 발표하게 해 주세요.

1 〈보기〉와 같이 제시어를 이용하여 문장을 완성한 후, 읽어 보세요.

· 보기 ·

私 / 娘 / 買い物に行く
わたし むすめ か もの い

➡ 私は娘を買い物に行かせました。
わたし むすめ か もの い

(1) 私 / 息子 / 一人で行く
わたし むすこ ひとり い

➡ _____ 。

(2) 部長 / 田中さん / 大阪へ出張する
ぶ ちょう おおさか しゅっちょう

➡ _____ 。

(3) 兄 / 妹 / 泣く
あに いもうと な

➡ _____ 。

★ 발음 체크 🎧 16-2

2 〈보기〉와 같이 「(さ)せる」 표현으로 바꾼 후, 읽어 보세요.

보기

毎日牛乳を飲みます。
まいにちぎゅうにゅう　の

➡ 母は毎日私に牛乳を飲ませます。
はは　まいにちわたし　ぎゅうにゅう　の

(1) 毎日1時間ずつ弟はピノを弾きます。
まいにち　じ かん　おとうと　　　　　ひ

➡ 母は＿＿＿＿＿＿＿＿＿＿＿＿＿＿＿＿＿＿＿＿＿＿＿＿＿。
はは

(2) 一日に3回子どもは歯を磨きます。
いちにち　かい こ　　　　は　みが

➡ 母は＿＿＿＿＿＿＿＿＿＿＿＿＿＿＿＿＿＿＿＿＿＿＿＿＿。
はは

(3) 週に3回妹は日本語を習います。
しゅう　かいいもうと　に ほん ご　なら

➡ 母は＿＿＿＿＿＿＿＿＿＿＿＿＿＿＿＿＿＿＿＿＿＿＿＿＿。
はは

★ 발음 체크 🎧 16-3

·단어· 歯 이　磨く 닦다
は　　みが

3 〈보기〉와 같이 문장을 변경한 후, 읽어 보세요.

・보기・

<ruby>母<rt>はは</rt></ruby>は<ruby>塾<rt>じゅく</rt></ruby>に<ruby>通<rt>かよ</rt></ruby>わせました。

➡ <ruby>母<rt>はは</rt></ruby>に<ruby>塾<rt>じゅく</rt></ruby>に<ruby>通<rt>かよ</rt></ruby>わせられました。

(1) <ruby>母<rt>はは</rt></ruby>は<ruby>妹<rt>いもうと</rt></ruby>と<ruby>遊<rt>あそ</rt></ruby>ばせました。

➡ _____ 。

(2) <ruby>母<rt>はは</rt></ruby>は<ruby>本<rt>ほん</rt></ruby>を<ruby>読<rt>よ</rt></ruby>ませました。

➡ _____ 。

(3) <ruby>先生<rt>せんせい</rt></ruby>は<ruby>発表<rt>はっぴょう</rt></ruby>させました。

➡ _____ 。

(4) <ruby>母<rt>はは</rt></ruby>は<ruby>毎日<rt>まいにち</rt></ruby>プールへ<ruby>行<rt>い</rt></ruby>かせました。

➡ _____ 。

★ 발음 체크 🎧 **16-4**

4 〈보기〉와 같이 제시어를 이용하여 대화해 보세요.

· 보기 ·

① 具合が悪い　② お酒を飲む　③ 早く帰る

A: どうしたんですか。

B: ①具合が 悪いんです。

A: どうして？

B: 昨日先輩に ②お酒を飲ませられました。

すみませんが、③早く帰らせてください。

A: はい、わかりました。

(1) ① 疲れた　　　　　　② 12時まで仕事をする
　　③ 今日休む

(2) ① 風邪をひいた　　　② プールへ行く
　　③ 病院に行く

(3) ① お腹を壊した　　　② 焼肉をいっぱい食べる
　　③ トイレに行く

(4) ① 腕が痛い　　　　　② 料理を作る
　　③ シップを買いに行く

★ 발음 체크 🎧 16-5

단어 ▸ 焼肉 (구워 먹는) 고기　腕 팔　シップ 파스

1

녹음을 듣고 빈칸을 적어 보세요. 🎧 16-6

(1) 7時に学校へ＿＿＿＿＿＿＿＿＿＿＿＿＿。
　　　じ　　がっこう

(2) あれは＿＿＿＿＿＿＿＿＿＿映画です。
　　　　　　　　　　　　　　　えい が

(3) ＿＿＿＿＿＿＿＿＿＿＿＿＿＿＿＿。

(4) 夜遅くまで＿＿＿＿＿＿＿＿＿＿。
　　　よるおそ

2

녹음을 듣고 내용에 맞는 그림을 찾아보세요. 🎧 16-7

(1) ＿＿＿＿　(2) ＿＿＿＿　(3) ＿＿＿＿　(4) ＿＿＿＿

①

②

③

④

• 단어 • 目 눈
　　　　め

다음 우리말을 일본어로 적어 보세요.

1 엄마가 매일 학원에 가게 합니다.

_____ 。

2 엄마 때문에 할 수 없이 남동생과 놀게 되었습니다.

_____ 。

3 선배 때문에 할 수 없이 술을 마시게 되었습니다.

_____ 。

4 하루에 3번씩 이를 닦게 했습니다.

_____ 。

5 오늘은 집에서 쉬게 해 주세요. (休^{やす}ませる)

_____ 。

17

いつもお世話になっております。

항상 신세를 지고 있습니다.

01 존경어

先生^{せんせい}がおっしゃいました。

선생님이 말씀하셨습니다.

昨日^{きのう}会議^{かいぎ}に参加^{さんか}されましたか。

어제 회의에 참가하셨습니까?

先生^{せんせい}は新^{あたら}しいケータイをお買^かいになりました。

선생님은 새 휴대전화를 사셨습니다.

部屋^{へや}の番号^{ばんごう}をもう一度^{いちど}ご確認^{かくにん}ください。

방 번호를 다시 한번 확인해 주세요.

02 겸양어

田中^{たなか}と申^{もう}します。

다나카라고 합니다.

会社^{かいしゃ}の中^{なか}をご案内^{あんない}します。

회사 안을 안내하겠습니다.

すぐお持^もちします。

바로 가져오겠습니다.

03 정중어

2階^{かい}に食堂^{しょくどう}がございます。

2층에 식당이 있습니다.

これでもよろしいでしょうか。

이것이라도 괜찮으십니까?

・단어・ おっしゃる 말씀하시다　番号^{ばんごう} 번호　確認^{かくにん} 확인　申^{もう}す (言う、話す의 겸양어) 말하다

ござる (ある의 정중어) 있다　よろしい 좋다

キム　はい、グローバル商事でございます。

西山　ibcの西山と申します。

　　　いつもお世話になっております。

キム　こちらこそいつもお世話になっております。

西山　デザイン部の田中部長いらっしゃいますか。

キム　まだなんですが…、何かご伝言でも…。

西山　いいえ、また、かけなおします。

キム　かしこまりました。

西山　では、失礼します。

キム　失礼します。

해석

김	네, 글로벌 상사입니다.
니시야마	ibc의 니시야마라고 합니다.
	늘 신세가 많습니다.
김	저희야말로 신세가 많습니다.
니시야마	디자인부 다나카 부장님 계십니까?
김	아직입니다만…, 무엇인가 전할 말씀이라도….
니시야마	아닙니다, 다시, 걸겠습니다.
김	알겠습니다.
니시야마	그럼, 실례하겠습니다.
김	실례하겠습니다.

새단어

□ グローバル 전 세계적인 (global)	□ 伝言 전언
□ 商事 상사	□ かけなおす 다시 걸다
□ ～と申す ～라고 합니다	□ かしこまりました 알겠습니다
□ お世話になる 신세를 지다	□ 失礼する 실례하다

1 경어

경어의 종류에는 '정중어(~ます、です)', '존경어(상대를 높이는 표현)', '겸양어(자신을 낮춤으로써 상대를 높이는 표현)'의 3종류가 있습니다.

(1) 존경어

① 예외 존경 표현

기본형	존경 표현	
行く 가다	いらっしゃる 가시다 おいでになる	いらっしゃいます 가십니다
来る 오다	いらっしゃる 오시다 おいでになる お見えになる	いらっしゃいます 오십니다
いる 있다	いらっしゃる 계시다	いらっしゃいます 계십니다
する 하다	なさる 하시다	なさいます 하십니다
言う 말하다	おっしゃる 말씀하시다	おっしゃいます 말씀하십니다
見る 보다	ご覧になる 보시다	
食べる / 飲む 먹다 / 마시다	召し上がる 드시다	
知っている 알고 있다	ご存知だ 아시다	
くれる 주다	くださる 주시다	くださいます 주십니다

先生はいらっしゃいますか。 　　선생님 계십니까?

何になさいますか。 　　무엇으로 하시겠습니까?

② 존경 표현 1

お+동사의 ます형	+になる (하시다)
ご+한자 명사	

社長<ruby>しゃちょう</ruby>はもうお帰<ruby>かえ</ruby>りになりました。　　　사장님은 벌써 돌아가셨습니다.

山田<ruby>やまだ</ruby>さんはいつご出発<ruby>しゅっぱつ</ruby>になりますか。　　야마다 씨는 언제 출발하십니까?

③ 존경 표현 2

お+동사의 ます형	+ください (~하여 주세요)
ご+한자 명사	

少々<ruby>しょうしょう</ruby>お待<ruby>ま</ruby>ちください。　　　　　잠시만 기다려 주세요.

このペンをお使<ruby>つか</ruby>いください。　　　　이 펜을 사용해 주세요.

④ 동사의 수동형

동사의 수동형이 존경의 표현으로도 사용됩니다.

この本<ruby>ほん</ruby>はもう読<ruby>よ</ruby>まれましたか。　　　이 책은 벌써 읽으셨습니까?

先生<ruby>せんせい</ruby>は映画<ruby>えいが</ruby>をよく見<ruby>み</ruby>られるそうです。　　선생님은 영화를 자주 보신다고 합니다.

⑤ 미화 표현

상대방을 생각하여 말을 아름답고 곱게 나타내기 위한 표현입니다.

(미화어(美化語) : お茶<ruby>ちゃ</ruby> 차, お金<ruby>かね</ruby> 돈, お箸<ruby>はし</ruby> 젓가락, ご本<ruby>ほん</ruby> 책 등)

お国<ruby>くに</ruby>はどちらですか。　　　　　　나라는 어디입니까?

ご結婚<ruby>けっこん</ruby>おめでとうございます。　　결혼 축하드립니다.

단어 少々<ruby>しょうしょう</ruby> 잠시만　使<ruby>つか</ruby>う 사용하다　国<ruby>くに</ruby> 나라

(2) 겸양어

① 예외 겸양 표현

기본형	겸양 표현
行<ruby>く<rt>い</rt></ruby> 가다	参<ruby>る<rt>まい</rt></ruby>
来<ruby>る<rt>く</rt></ruby> 오다	参<ruby>る<rt>まい</rt></ruby>
いる 있다	おる
する 하다	いたす
言<ruby>う<rt>い</rt></ruby> 말하다	申し上げる / 申す
見<ruby>る<rt>み</rt></ruby> 보다	拝見する
食べる / 飲む 먹다 / 마시다	いただく
知<ruby>っている<rt>し</rt></ruby> 알고 있다	存じておる
あげる 주다	差し上げる
もらう 받다	いただく
会<ruby>う<rt>あ</rt></ruby> 만나다	お目にかかる
聞<ruby>く<rt>き</rt></ruby> / 訪問する 듣다 / 방문하다	伺う

明日また参ります。　　　내일 다시 오겠습니다.

銀行に勤めております。　　은행에 근무하고 있습니다.

田中と申します。　　　　다나카라고 합니다.

② 겸양 표현

お+동사의 ます형	+する(~하다)
ご+한자명사	

すぐお持ちします。　　　　　　　바로 가져오겠습니다.

会社の中をご案内します。　　　회사인을 안내해 드리겠습니다.

(3) 정중어

정중어는 말하는 사람이 듣는 사람에게 경의를 표하기 위해 쓰는 표현입니다.

あります　　→ ございます

～です　　　→ ～で ございます

いいですか　→ よろしいでしょうか

次の駅は新宿でございます。　　　다음 역은 신주쿠입니다.

これでもよろしいでしょうか。　　이것이라도 괜찮으십니까?

2階に食堂がございます。　　　　2층에 식당이 있습니다.

・단어・　案内 안내　　次 다음　　食堂 식당

1 〈보기〉와 같이 존경어와 겸양어 표현으로 바꾼 후, 읽어 보세요.

· 보기 ·

行きます

① <u>いらっしゃいます。</u>
② <u>参ります。</u>

(1) します

① _____ 。

② _____ 。

(2) 言います

① _____ 。

② _____ 。

(3) 食べます

① _____ 。

② _____ 。

★ 발음 체크 🎧 17-2

2 〈보기〉와 같이 존경 표현으로 바꾼 후, 읽어 보세요.

·보기·

書^かきます

① お書^かきになります。

② お書^かきください。

(1) 待^まちます

① _____ 。

② _____ 。

(2) 帰^{かえ}ります

① _____ 。

② _____ 。

(3) 乗^のり換^かえます

① _____ 。

② _____ 。

★ 발음 체크 🎧 **17-3**

·단어·　乗^のり換^かえる 갈아타다

3 〈보기〉와 같이 겸양 표현으로 바꾼 후, 읽어 보세요.

·보기·

わたし あんない
私が案内します。

わたし あんない
→ 私がご案内します。

(1) にもつ も
荷物を持ちます。

➡ _____ 。

(2) かいぎ よてい し
会議の予定を知らせます。

➡ _____ 。

(3) くるま おく
車で送ります。

➡ _____ 。

★ 발음 체크 🎧 17-4

·단어· にもつ し
荷物 짐　知らせる 알리다

4 〈보기〉와 같이 제시어를 이용하여 대화해 보세요.

・보기

① アメリカへ行<ruby>行<rt>い</rt></ruby>く　　② <ruby>案内<rt>あんない</rt></ruby>する

A: ①アメリカへいらっしゃったことが ありますか。

B: いいえ、まだです。

A: では、<ruby>私<rt>わたし</rt></ruby>が②ご<ruby>案内<rt>あんない</rt></ruby>します。

(1)　① <ruby>田中<rt>た なか</rt></ruby>さんに<ruby>会<rt>あ</rt></ruby>う　　② <ruby>紹介<rt>しょうかい</rt></ruby>する

(2)　① バーベキューをする　　② <ruby>用意<rt>ようい</rt></ruby>する

(3)　① <ruby>日本<rt>にほん</rt></ruby>の<ruby>家<rt>うち</rt></ruby>に<ruby>来<rt>く</rt></ruby>る　　② <ruby>招待<rt>しょうたい</rt></ruby>する

(4)　① <ruby>納豆<rt>なっとう</rt></ruby>を<ruby>食<rt>た</rt></ruby>べる　　② <ruby>注文<rt>ちゅうもん</rt></ruby>する

★ 발음 체크 🎧 17-5

단어　バーベキュー 바비큐　<ruby>用意<rt>ようい</rt></ruby>する 준비하다　<ruby>納豆<rt>なっとう</rt></ruby> 낫또　<ruby>注文<rt>ちゅうもん</rt></ruby> 주문

1 녹음을 듣고 빈칸을 적어 보세요. 🎧 17-6

(1) ７時に学校へ＿＿＿＿＿＿＿＿＿＿＿＿＿。

(2) メールを拝見＿＿＿＿＿＿＿＿＿＿＿＿＿。

(3) 荷物を＿＿＿＿＿＿＿＿＿＿＿＿＿。

(4) 夜遅くまで＿＿＿＿＿＿＿＿＿そうです。

2 녹음을 듣고 행동하는 사람에 체크해 보세요. 🎧 17-7

(1) 나＿＿＿＿＿＿　　　타인＿＿＿＿＿＿

(2) 나＿＿＿＿＿＿　　　타인＿＿＿＿＿＿

(3) 나＿＿＿＿＿＿　　　타인＿＿＿＿＿＿

(4) 나＿＿＿＿＿＿　　　타인＿＿＿＿＿＿

(5) 나＿＿＿＿＿＿　　　타인＿＿＿＿＿＿

(6) 나＿＿＿＿＿＿　　　타인＿＿＿＿＿＿

・단어・ 奥さん 남의 아내를 높여 부르는 말

다음 우리말을 일본어로 적어 보세요.

1 선생님 계십니까?

_____ 。

2 안내해 드리겠습니다.

_____ 。

3 さくら은행입니다.

_____ 。

4 잠시만 기다리세요.

_____ 。

5 제가 들어드리겠습니다.

_____ 。

• 단어 • 住所 주소
じゅうしょ

せいとう

正答

정|답

1

先月から新しい会社で働いています
せんげつ　　あたら　　　かいしゃ　　はたら
す。 지난달부터 새 회사에서 일하고 있습니다.

말하기 연습

1 🎧01-2

〈보기〉

텔레비전을 보다 / 과자를 먹다

A : 무엇을 하고 있습니까?

B : 텔레비전을 보면서 과자를 먹고 있습니다.

(1) 책을 읽다 / 리포트를 쓰다

A : 何をしていますか。 무엇을 하고 있습니까?
なに

B : 本を読みながらレポートを書いてい
ほん　よ　　　　　　　　　　　　　　　か
ます。 책을 읽으면서 리포트를 쓰고 있습니다.

(2) 담배를 피우다 / 걷다

A : 何をしていますか。 무엇을 하고 있습니까?
なに

B : たばこを吸いながら歩いています。
す　　　　　　ある
담배를 피우면서 걷고 있습니다.

(3) 커피를 마시다 / 수다를 떨다

A : 何をしていますか。 무엇을 하고 있습니까?
なに

B : コーヒーを飲みながらおしゃべりをし
の
ています。 커피를 마시면서 수다를 떨고 있습니다.

2 🎧01-3

〈보기〉

무엇을 하다 / 의자에 앉다

A : 무엇을 하고 있습니까?

B : 의자에 앉아 있습니다.

(1) 무엇을 입다 / 스커트를 입다

A : 何を着ていますか。 무엇을 입고 있습니까?
なに　き

B : スカートを履いています。
は
스커트를 입고 있습니다.

(2) 어디에 살다 / 한국 서울에 살다

A : どこに住んでいますか。
す
어디에 살고 있습니까?

B : 韓国のソウルに住んでいます。
かんこく
한국 서울에 살고 있습니다.

(3) 무엇을 들다 / 우산을 들다

A : 何を持っていますか。 무엇을 들고 있습니까?
なに　も

B : 傘を持っています。 우산을 들고 있습니다.
かさ　も

3 🎧01-4

〈보기〉

매일 아침 7시

A : 몇 시에 일어납니까?

B : 매일 7시에 일어나고 있습니다.

(1) 은행에서 근무하다

A : お仕事は何ですか。 직업은 무엇입니까?
しごと　なん

B : 銀行に勤めています。
ぎんこう　つと
은행에 근무하고 있습니다.

(2) 체육관에 다니다

A : 最近何をしますか。 최근에 무엇을 합니까?
さいきんなに

B : ジムに通っています。
かよ
체육관에 다니고 있습니다.

(3) 매주 그림을 그리다

A : 週末何をしますか。 주말에 무엇을 합니까?
しゅうまつなに

B : 毎週絵を描いています。
まいしゅう え　か
매주 그림을 그리고 있습니다.

4 🎧 **01-5**

(1) 赤い帽子をかぶっています。

빨간 모자를 쓰고 있습니다.

(2) 半そでのTーシャツを着ています。

반팔 티셔츠를 입고 있습니다.

(3) ズボンを履いています。

바지를 입고 있습니다.

(4) スニーカーを履いています。

운동화를 신고 있습니다.

(5) ネックレスをしています。

목걸이를 하고 있습니다.

듣기 연습

1 🎧 **01-6**

(1) ご飯を食べながらテレビを見ています。

밥을 먹으면서 텔레비전을 보고 있습니다.

(2) 田中さんは銀行に勤めています。

다나카 씨는 은행에 근무하고 있습니다.

(3) キムさんは結婚しています。

김 씨는 결혼했습니다(기혼입니다).

(4) 毎朝7時に起きています。

매일 아침 7시에 일어나고 있습니다.

2 🎧 **01-7**

(1) ①   (2) ④   (3) ②   (4) ③

(1) A : 今、何をしていますか。

지금, 무엇을 하고 있습니까?

B : 音楽を聞いています。

음악을 듣고 있습니다.

(2) A : 今、何をしていますか。

지금, 무엇을 하고 있습니까?

B : 公園を走っています。

공원을 달리고 있습니다.

(3) A : 今、何をしていますか。

지금, 무엇을 하고 있습니까?

B : 料理を作っています。

요리를 만들고 있습니다.

(4) A : 今、何をしていますか。

지금, 무엇을 하고 있습니까?

B : 椅子に座っています。

의자에 앉아 있습니다.

쓰기 연습

(1) 今、何をしていますか。

(2) 日本に住んでいます。

(3) ジムに通っています。

(4) 散歩しながら電話をしています。

(5) めがねをかけています。

正答

2

このペン、使ってもいいですか。
이 펜, 사용해도 될까요?

말하기 연습

1 🎧 02-2

〈보기〉
컴퓨터를 사용하다

A : 컴퓨터를 사용해도 됩니까?
B₁ : 네, 사용해도 됩니다.
B₂ : 아니요, 사용하면 안 됩니다.

(1) 여기에서 사진을 찍다

A : ここで写真を撮ってもいいですか。
여기에서 사진을 찍어도 됩니까?

B₁ : はい、撮ってもいいです(どうぞ)。
네, 찍어도 됩니다.

B₂ : いいえ、撮ってはいけません。
아니요, 찍으면 안 됩니다.

(2) 안에 들어가다

A : 中に入ってもいいですか。
안에 들어가도 됩니까?

B₁ : はい、入ってもいいです(どうぞ)。
네, 들어가도 됩니다.

B₂ : いいえ、入ってはいけません。
아니요, 들어가면 안 됩니다.

2 🎧 02-3

〈보기〉
운동을 하다

A : 어제 일이 끝나고 무엇을 했습니까?
B : 일이 끝나고 나서 운동하러 갔습니다.

(1) 친구와 영화를 보다

A : 昨日仕事が終わって何をしましたか。
어제 일이 끝나고 무엇을 했습니까?

B : 仕事が終わってから友だちと映画を見に行きました。
어제 일이 끝나고 나서 친구와 영화를 보러 갔었습니다.

(2) 혼자서 술을 마시다

A : 昨日仕事が終わって何をしましたか。
어제 일이 끝나고 무엇을 했습니까?

B : 仕事が終わってから一人でお酒を飲みに行きました。
일이 끝나고 나서 혼자서 술을 마시러 갔었습니다.

(3) 쇼핑을 하다

A : 昨日仕事が終わって何をしましたか。
어제 일이 끝나고 무엇을 했습니까?

B : 仕事が終わってから買い物に(買い物をしに)行きました。
일이 끝나고 나서 쇼핑하러 갔었습니다.

3 🎧 02-4

〈보기〉
① 먹다   ② 맛있다   ③ 다나카 씨의 직접 만듦

A : 저도 먹어 봐도 될까요?
B : 네, 드세요.
A : 맛있네요.
B : 다나카 씨가 직접 만든 거예요.
A : 그렇군요.

(1) ① 보다　② 귀엽다　③ 다나카 씨의 아드님

A：私も見てみてもいいですか。
저도 봐 봐도 될까요?

B：はい、どうぞ。네, 보세요.

A：かわいいですね。귀엽네요.

B：田中さんの息子さんです。
다나카 씨의 아드님이에요.

A：そうですか。그렇군요.

(2) ① 하다　② 재미있다　③ 인기 있는 게임

A：私もやってみてもいいですか。
저도 해 봐도 될까요?

B：はい、どうぞ。네, 해 보세요.

A：おもしろいですね。재미있네요.

B：人気のゲームです。
인기 있는 게임이에요.

A：そうですか。그렇군요.

(3) ① 사용하다　② 편리하다　③ 로봇청소기

A：私も使ってみてもいいですか。
저도 사용해 봐도 될까요?

B：はい、どうぞ。네, 사용해 보세요.

A：便利ですね。편리하네요.

B：ロボット掃除機です。로봇청소기예요.

A：そうですか。그렇군요.

(4) ① 타다　② 멋지다　③ 아빠 차

A：私も乗ってみてもいいですか。
저도 타 봐도 될까요?

B：はい、どうぞ。네, 타 보세요.

A：すてきですね。멋지네요.

B：父の車です。아빠 차예요.

A：そうですか。그렇군요.

---

4 🎧02-5

〈보기〉
① 여기에서 담배를 피우다　② 아니요, 안 됩니다
③ 금연이다
A：여기에서 담배를 피워도 됩니까?
B：아니요, 안 됩니다.
A：왜요?
B：금연이기 때문입니다.

(1) ① 여기에 차를 세우다　② 죄송합니다만, 좀 ….
③ 주차장이 아니다

A：ここに車を止めてもいいですか。
여기에 차를 세워도 됩니까?

B：すみません、ちょっと…。
죄송합니다만, 좀….

A：どうしてですか。왜요?
B：駐車場じゃないからです。
주차장이 아니기 때문입니다.

(2) ① 이 카탈로그를 가지다　② 죄송합니다만, 좀 ….
③ 여분이 없다

A：このカタログをもらってもいいです
か。이 카탈로그 가져도 될까요?

B：すみません、ちょっと…。
죄송합니다만, 좀….

A：どうしてですか。왜요?
B：余分がないからです。여분이 없기 때문입니다.

(3) ① 운전하면서 전화를 하다　② 아니요, 안됩니다.
③ 위험하다

A：運転しながら電話してもいいですか。
운전하면서 전화해도 됩니까?

B：いいえ、だめです。아니요, 안 됩니다.

A：どうしてですか。왜요?
B：危ないからです。위험하기 때문입니다.

(4) ① 여기에서 사진을 찍다   ② 아니요, 안 됩니다.

③ 촬영 금지이다

A : ここで写真を撮ってもいいですか。

여기서 사진 찍어도 됩니까?

B : いいえ、だめです。 아니요, 안 됩니다.

A : どうしてですか。 왜요?

B : 撮影禁止だからです。

촬영 금지이기 때문입니다.

듣기 연습

1 🎧 02-6

(1) ご飯を食べてからコーヒーを飲みます。

밥을 먹고 나서 커피를 마십니다.

(2) ちょっと休んでもいいですか。

좀 쉬어도 될까요?

(3) 授業中、おしゃべりをしてはいけません。 수업 중에, 떠들면 안 됩니다.

(4) 読んでみてください。

읽어 봐 주세요.

2 🎧 02-7

〈보기〉
① 아직, 일이 있습니다   ② 춥습니다
③ 내 것이 아닙니다   ④ 어둡습니다

(1) ③   (2) ①

(1) これを使ってもいいですか。

이것을 사용해도 됩니까?

すみません、私のじゃないですから…。

죄송합니다. 제 것이 아니기 때문에….

(2) 家へ帰ってもいいですか。

집에 돌아가도 됩니까?

すみません、まだ、仕事がありますから…。 죄송합니다, 아직 일이 있기 때문에….

쓰기 연습

(1) 店の前ですから、車を止めてはいけません。

(2) 公園でお弁当を食べてもいいですか。

(3) 私も作ってみました。

(4) 手を洗ってからご飯を食べます。

(5) 写真を1枚ずつ持って来てください。

3

カラオケに行ったことがありますか。 (일본) 노래방에 간 적이 있습니까?

말하기 연습

1 🎧 03-2

〈보기〉
A : 후지산에 오른 적이 있습니까?
B1 : 네, 오른 적이 있습니다.
B2 : 아니요, 한 번도 오른 적이 없습니다.

(1) A : すし食べ放題に行ったことがありますか。 스시 뷔페에 간 적이 있습니까?

B1 : はい、行ったことがあります。

네, 간 적이 있습니다.

B₂ : いいえ、一度（いちど）も行（い）ったことがありま

せん。 아니요, 한 번도 간 적이 없습니다.

(2) A : 日本（にほん）の家（うち）に泊（と）まったことがあります

か。 일본 집에 묵은 적이 있습니까?

B₁ : はい、泊（と）まったことがあります。

네, 묵은 적이 있습니다.

B₂ : いいえ、一度（いちど）も泊（と）まったことがあり

ません。 아니요, 한 번도 묵은 적이 없습니다.

2 🎧03-3

〈보기〉

A : 주말에 무엇을 합니까?

B : 책을 읽거나 음악을 듣거나 합니다.

(1) A : 週末（しゅうまつ）は何（なに）をしますか。 주말에 무엇을 합니까?

B : 洗濯（せんたく）をしたり掃除（そうじ）をしたりします。

세탁을 하거나 청소를 하거나 합니다.

(2) A : 週末（しゅうまつ）は何（なに）をしますか。 주말에 무엇을 합니까?

B : 友（とも）だちとおしゃべりをしたり映画（えいが）を

見（み）たりします。

친구와 수다를 떨거나 영화를 보거나 합니다.

3 🎧03-4

〈보기〉

밥을 먹었습니다 / 커피를 마셨습니다

A : 밥을 먹은 후에 무엇을 했습니까?

B : 밥을 먹은 후에 커피를 마셨습니다.

(1) 밥을 먹었습니다 / 이를 닦았습니다

A : ご飯（はん）を食（た）べた後（あと）で何（なに）をしましたか。

밥을 먹은 후에 무엇을 했습니까?

B : ご飯（はん）を食（た）べた後（あと）で歯（は）を磨（みが）きました。

밥을 먹은 후에 이를 닦았습니다.

(2) 청소를 했습니다 / 맥주를 마시면서 텔레비전을 보았습니다

A : 掃除（そうじ）をした後（あと）で何（なに）をしましたか。

청소를 한 후에 무엇을 했습니까?

B : 掃除（そうじ）をした後（あと）でビールを飲（の）みながら

テレビを見（み）ました。

청소를 한 후에 맥주를 마시면서 텔레비전을 보았습니다.

(3) 운동을 했습니다 / 샤워를 했습니다

A : 運動（うんどう）をした後（あと）で何（なに）をしましたか。

운동한 후에 무엇을 했습니까?

B : 運動（うんどう）をした後（あと）でシャワーを浴（あ）びまし

た。 운동한 후에 샤워를 했습니다.

4 🎧03-5

〈보기〉

① KTX를 타다　② 빠르다

A : KTX를 탄 적이 있습니까?

B : 네, 있습니다.

A : 어땠습니까?

B : 빨랐습니다.

(1) ① 온천욕을 하다　② 기분 좋다

A : 温泉（おんせん）に入（はい）ったことがありますか。

온천욕을 한 적이 있습니까?

B : はい、あります。 네, 있습니다.

A : どうでしたか。 어땠습니까?

B : 気持（きも）ちよかったです。 기분 좋았습니다.

(2) ① 기모노를 입다　② 예쁘다

A : 着物（きもの）を着（き）たことがありますか。

기모노를 입은 적이 있습니까?

B : はい、あります。 네, 있습니다.

A : どうでしたか。 어땠습니까?

B : きれいでした。 예뻤습니다.

(3) ① 프랑스에 가다　② 멋지다

A：フランスに<ruby>行<rt>い</rt></ruby>ったことがありますか。
프랑스에 간 적이 있습니까?

B：はい、あります。 네, 있습니다.

A：どうでしたか。 어땠습니까?

B：すてきでした。 멋졌습니다.

(4) ① 연예인을 만나다　② 두근거리다

A：<ruby>芸能人<rt>げいのうじん</rt></ruby>に<ruby>会<rt>あ</rt></ruby>ったことがありますか。
연예인을 만난 적이 있습니까?

B：はい、あります。 네, 있습니다.

A：どうでしたか。 어땠습니까?

B：ドキドキしました。 두근거렸습니다.

듣기 연습

1 ∩03-6

(1) <ruby>一度<rt>いちど</rt></ruby>もアメリカに<ruby>行<rt>い</rt></ruby>ったことがありません。 한 번도 미국에 간 적이 없습니다.

(2) <ruby>週末<rt>しゅうまつ</rt></ruby>はいつも<ruby>洗濯<rt>せんたく</rt></ruby>をしたり<ruby>掃除<rt>そうじ</rt></ruby>をしたりします。 주말은 항상 세탁을 하거나 청소를 하거나 합니다.

(3) <ruby>仕事<rt>しごと</rt></ruby>をした<ruby>後<rt>あと</rt></ruby>で<ruby>友<rt>とも</rt></ruby>だちに<ruby>会<rt>あ</rt></ruby>いに<ruby>行<rt>い</rt></ruby>きます。 일을 한 후에 친구를 만나러 갑니다.

(4) <ruby>昨日<rt>きのう</rt></ruby>は<ruby>家<rt>うち</rt></ruby>でごろごろしたりしました。 어제는 집에서 빈둥거리거나 했습니다.

2 ∩03-7

(1) ①, ③　　(2) ②, ⑥

(3) ⑤, ④　　(4) ⑧, ⑦

---

(1) <ruby>週末<rt>しゅうまつ</rt></ruby>は<ruby>何<rt>なに</rt></ruby>をしましたか。
주말은 무엇을 했습니까?

<ruby>友<rt>とも</rt></ruby>だちに<ruby>会<rt>あ</rt></ruby>ったり、お<ruby>酒<rt>さけ</rt></ruby>を<ruby>飲<rt>の</rt></ruby>んだりしました。 친구를 만나거나, 술을 마시거나 했습니다.

(2) <ruby>昨日<rt>きのう</rt></ruby>は<ruby>何<rt>なに</rt></ruby>をしましたか。
어제는 무엇을 했습니까?

<ruby>掃除<rt>そうじ</rt></ruby>をした<ruby>後<rt>あと</rt></ruby>でゆっくり<ruby>休<rt>やす</rt></ruby>みました。
청소를 한 후에 집에서 푹 쉬었습니다.

(3) <ruby>仕事<rt>しごと</rt></ruby>が<ruby>終<rt>お</rt></ruby>わって<ruby>何<rt>なに</rt></ruby>をしますか。
일이 끝나고 무엇을 합니까?

<ruby>運動<rt>うんどう</rt></ruby>をした<ruby>後<rt>あと</rt></ruby>で<ruby>家<rt>うち</rt></ruby>へ<ruby>帰<rt>かえ</rt></ruby>ります。
운동을 한 후에 집에 돌아갑니다.

(4) <ruby>休<rt>やす</rt></ruby>みの<ruby>日<rt>ひ</rt></ruby>は<ruby>何<rt>なに</rt></ruby>をしますか。
쉬는 날에는 무엇을 합니까?

<ruby>映画<rt>えいが</rt></ruby>を<ruby>見<rt>み</rt></ruby>たり<ruby>買<rt>か</rt></ruby>い<ruby>物<rt>もの</rt></ruby>をしたりします。
영화를 보거나 쇼핑을 하거나 합니다.

쓰기 연습

(1) <ruby>一度<rt>いちど</rt></ruby>もイギリスに<ruby>行<rt>い</rt></ruby>ったことがありません。

(2) <ruby>昨日<rt>きのう</rt></ruby>は<ruby>友<rt>とも</rt></ruby>だちと<ruby>映画<rt>えいが</rt></ruby>を<ruby>見<rt>み</rt></ruby>た<ruby>後<rt>あと</rt></ruby>でご<ruby>飯<rt>はん</rt></ruby>を<ruby>食<rt>た</rt></ruby>べました。

(3) <ruby>家<rt>うち</rt></ruby>でごろごろしたりテレビを<ruby>見<rt>み</rt></ruby>たりします。

(4) <ruby>日本人<rt>にほんじん</rt></ruby>と<ruby>日本語<rt>にほんご</rt></ruby>で<ruby>話<rt>はな</rt></ruby>したことがあります。

(5) <ruby>仕事<rt>しごと</rt></ruby>が<ruby>終<rt>お</rt></ruby>わった<ruby>後<rt>あと</rt></ruby>で<ruby>運動<rt>うんどう</rt></ruby>をします。

4

お風呂に入らないでください。

目욕하지 말아 주세요.

말하기 연습

1 🎧04-2

〈보기〉

A : 내일 학교에 갑니까? (토요일이다)

B : 아니요, 토요일이기 때문에 안 갑니다.

(1) A : あの服を買いますか。

저 옷을 살 겁니까? (비싸다)

B : ううん、高いから買わないです。

아니요, 비싸기 때문에 사지 않을 겁니다.

(2) A : 友だちに会いますか。

친구를 만납니까? (시간이 없다)

B : ううん、時間がないから会わないで

す。 아니요, 시간이 없기 때문에 만나지 않을 겁니다.

(3) A : 部屋の掃除をしますか。

방 청소를 할 겁니까? (깨끗하다)

B : ううん、きれいだからしないです。

아니요, 깨끗하기 때문에 하지 않을 겁니다.

(4) A : 山に登りますか。

산에 오를 겁니까? (힘들다)

B : ううん、大変だから登らないです。

아니요, 힘들기 때문에 오르지 않을 겁니다.

2 🎧04-3

〈보기〉

밥을 먹는다 / 회사에 간다

→ 밥을 먹지 않고 회사에 갔습니다.

(1) 리포트를 쓰다 / 자다

→ レポートを書かないで寝ました。

리포트를 쓰지 않고 잤습니다.

(2) 설탕을 넣다 / 커피를 마시다

→ 砂糖を入れないでコーヒーを飲みました。 설탕을 넣지 않고 커피를 마셨습니다.

(3) 도서관에 가다 / 집에서 공부하다

→ 図書館に行かないで家で勉強をしました。 도서관에 가지 않고 집에서 공부했습니다.

(4) 손을 씻다 / 밥을 먹다

→ 手を洗わないでご飯を食べました。

손을 씻지 않고 밥을 먹었습니다.

3 🎧04-4

〈보기〉

밥을 먹다 / 배가 고프다

→ 밥을 먹지 않아서 배가 고팠습니다.

(1) 세탁을 하다 / 타올이 없다

→洗濯をしなくてタオルがなかったです。 세탁을 하지 않아서 타올이 없었습니다.

(2) 쇼핑을 하다 / 음식이 없다

→買い物をしなくて食べ物がなかったです。 쇼핑을 하지 않아서 음식이 없었습니다.

(3) 공부를 하다 / 테스트가 어렵다

→ 勉強(べんきょう)をしなくてテスト(む)が難(むずか)しかった
です。 공부를 하지 않아서 테스트가 어려웠습니다.

(4) 커피를 마시다 / 계속 졸리다

→ コーヒーを飲(の)まなくてずっと眠(ねむ)かった
です。 커피를 마시지 않아서 계속 졸렸습니다.

4 🎧 04-5

〈보기〉

① 여기에 차를 세우다   ② 가게 앞   ③ 세우다

A : 여기에 차를 세워도 됩니까?

B : 죄송합니다. 가게 앞이기 때문에 세우지 말아 주세요.

(1) ① 여기에서 담배를 피우다   ② 금연   ③ 피우다

A : ここでたばこを吸(す)ってもいいですか。

여기에서 담배를 피워도 됩니까?

B : すみません、禁煙(きんえん)ですから 吸(す)わない
でください。

죄송합니다. 금연이기 때문에 담배를 피우지 말아 주세요.

(2) ① 여기에서 사진을 찍다   ② 금지   ③ 찍다

A : ここで写真(しゃしん)を撮(と)ってもいいですか。

여기서 사진을 찍어도 됩니까?

B : すみません、禁止(きんし)ですから 撮(と)らない
でください。

죄송합니다. 금지이기 때문에 사진을 찍지 말아 주세요.

(3) ① 여기에 들어가다   ② 출입 금지   ③ 들어가다

A : ここに入(はい)ってもいいですか。

여기에 들어가도 됩니까?

B : すみません、立入禁止(たちいりきんし)ですから入(はい)ら
ないでください。

죄송합니다. 출입 금지이기 때문에 들어가지 말아 주세요.

(4) ① 여기에서 달리다   ② 위험하다   ③ 달리다

A : ここで走(はし)ってもいいですか。

여기에서 달려도 됩니까?

B : すみません、危(あぶ)ないですから走(はし)らな
いでください。

죄송합니다. 위험하니까 달리지 말아 주세요.

듣기 연습

1 🎧 04-6

(1) 今日(きょう)は昼(ひる)ご飯(はん)を食(た)べないです。

오늘은 밥을 먹지 않을 겁니다.

(2) 忙(いそが)しいですから、ご飯(はん)を食(た)べないで会社(かいしゃ)
へ行(い)きました。

바쁘기 때문에, 밥을 먹지 않고 회사에 갔었습니다.

(3) 薬(くすり)を飲(の)まなくて風邪(かぜ)が治(なお)りません。

약을 먹지 않아서 감기가 낫질 않습니다.

(4) ここで写真(しゃしん)を撮(と)らないでください。

여기에서 사진을 찍지 말아 주세요.

2 🎧 04-7

〈보기〉

쇼핑을 하지 않아서 음식이 없습니다. (③ → ④)

(1) ② → ⑦   (2) ① → ⑤   (3) ⑥ → ⑧

(1) 洗濯(せんたく)をしなくてタオルがないです。

세탁을 하지 않아서 타올이 없습니다.

(2) 掃除(そうじ)をしなくて部屋(へや)が汚(きたな)いです。

청소를 하지 않아서 방이 더럽습니다.

(3) ご飯(はん)を食(た)べなくてお腹(なか)が空(す)きました。

밥을 먹지 않아서 배가 고팠습니다.

(1) 危ないですから、走らないでください。

(2) 手を洗わないでご飯を食べました。

(3) 大丈夫ですから心配しないでください。

(4) 勉強をしなくてテストがとても難しかったです。

(5) 掃除をしなくて部屋が汚いです。

5

食べなくてもいいです。

먹지 않아도 괜찮습니다.

1 🎧 05-2

〈보기〉

펜으로 쓰다

A : 펜으로 써야만 합니까?

B₁ : 네, 써야만 합니다.

B₂ : 아니요, 쓰지 않아도 됩니다.

(1) 매일 공부를 하다

A : 毎日勉強しなければなりませんか。

　　매일 공부를 해야만 합니까?

B₁ : はい、勉強しなければなりません。

　　네, 공부해야만 합니다.

B₂ : いいえ、勉強しなくてもいいです。

　　아니요, 공부하지 않아도 됩니다.

(2) 30분씩 걷다

A : 30分ずつ歩かなければなりませんか。

　　30분씩 걸어야만 합니까?

B₁ : はい、歩かなければなりません。

　　네, 걸어야만 합니다.

B₂ : いいえ、歩かなくてもいいです。

　　아니요, 걷지 않아도 됩니다.

2 🎧 05-3

〈보기〉

공부를 하다

A : 내일 테스트이기 때문에, 공부를 해야만 합니다.

B : 네, 알겠습니다.

(1) 담배를 끊다

A : 体に悪いですから、タバコをやめなければなりません。

　　몸에 나쁘니까, 담배를 끊어야만 합니다.

B : はい、わかりました。 네, 알겠습니다.

(2) 다이어트를 하다

A : 急に5キロも太りましたから、ダイエットをしなければなりません。

　　갑자기 5kg 살쪘기 때문에, 다이어트를 해야만 합니다.

B : はい、わかりました。 네, 알겠습니다.

(3) 자료를 정리하다

A : 4時から会議ですから、資料をまとめなければなりません。

　　4시부터 회의이기 때문에, 자료를 정리해야만 합니다.

B : はい、わかりました。 네, 알겠습니다.

3 🎧05-4

〈보기〉

① 내일 회사에 가다　② 휴일이다

A : 내일 회사에 가지 않아도 됩니까?

B : 네, 됩니다.

A : 왜요?

B : 휴일이기 때문입니다.

(1) ① 오늘 밤 요리를 하다　② 밖에서 먹는다

A : 今晩料理をしなくてもいいですか。
こんばんりょうり

오늘 밤에 요리를 하지 않아도 됩니까?

B : はい、いいです。 네, 됩니다.

A : どうしてですか。 왜요?

B : 外で食べるからです。
そと た

밖에서 먹을 것이기 때문입니다.

(2) ① 음료를 사다　② 집에 많이 있다

A : 飲み物を買わなくてもいいですか。
の もの か

음료를 사지 않아도 됩니까?

B : はい、いいです。 네, 됩니다.

A : どうしてですか。 왜요?

B : 家にたくさんあるからです。
うち

집에 많이 있기 때문입니다.

(3) ① 오늘까지 리포트를 내다　② 다음 주까지이다

A : 今日までレポートを出さなくてもいい
きょう だ

ですか。

오늘까지 리포트를 내지 않아도 됩니까?

B : はい、いいです。 네, 됩니다.

A : どうしてですか。 왜요?

B : 来週までだからです。
らいしゅう

다음 주까지이기 때문입니다.

(4) ① 내일 넥타이를 하다　② 캐주얼데이이다

A : 明日ネクタイをしなくてもいいです
あした

か。 내일 넥타이를 하지 않아도 됩니까?

B : はい、いいです。 네, 됩니다.

A : どうしてですか。 왜요?

B : カジュアルデーだからです。

캐주얼데이이기 때문입니다.

듣기 연습

1 🎧05-5

(1) 明日は来なくてもいいですか。
あした こ

내일은 오지 않아도 됩니까?

(2) 4時まで行かなければなりません。
じ い

4시까지 가야만 합니다.

(3) 勉強頑張らなきゃ。
べんきょうがんば

공부 열심히 해야지.

(4) お酒は飲まなくてもいいです。
さけ の

술은 마시지 않아도 됩니다.

2 🎧05-6

(1) ④　　(2) ②　　(3) ③　　(4) ①

(1) A : たばこをやめなければなりませんか。

담배를 끊어야만 합니까?

B : はい、体に悪いから、やめなければ
からだ わる

なりません。

네, 몸에 나쁘니까, 끊어야만 합니다.

(2) A : 今日お酒を飲まなくてもいいですか。

오늘 술을 마시지 않아도 됩니까?

　　 B : いいえ、飲み会ですから、飲まなけ
　　 ればなりません。

아니요, 회식이라 마셔야만 합니다.

(3) A : レポートを書かなくてもいいですか。

리포트를 쓰지 않아도 됩니까?

　　 B : いいえ、発表ですから書かなければ
　　 なりません。

아니요, 발표이기 때문에 써야만 합니다.

(4) A : 買い物をしなくてもいいですか。

쇼핑을 하지 않아도 됩니까?

　　 B : はい、いっぱいありますからしなく
　　 てもいいです。

네, 많이 있기 때문에 하지 않아도 됩니다.

쓰기 연습

(1) ごみはごみ箱に捨てなければなりませ
　　 ん。
(2) 薬は飲まなくてもいいです。
(3) 今日は早く帰らなきゃ…。
(4) 明日は 7 時に起きなければなりません。
(5) 無理して食べなくてもいいです。

6

友だちが誕生日のプレゼントをくれました。 친구가 생일 선물을 주었습니다.

말하기 연습

1 🎧 06-2

> 나 → 다나카 씨 (커피)
> → 나는 다나카 씨에게 커피를 주었습니다.

(1) 야마다 씨 → 히로시 씨 (선물)

→ 山田さんはひろしさんにプレゼント
　をあげました。

야마다 씨는 히로시 씨에게 선물을 주었습니다.

(2) 나 → 여동생 (옷)

→ 私は妹に服をあげました。

나는 여동생에게 옷을 주었습니다.

(3) 여동생 → 남동생 (영화표)

→ 妹は弟に映画のチケットをあげまし
　た。 여동생은 남동생에게 영화표를 주었습니다.

2 🎧 06-3

> 다나카 씨 → 여동생 (커피)
> 다나카 씨는 여동생에게 커피를 주었습니다.
> 여동생은 다나카 씨에게 커피를 받았습니다.

(1) 야마다 씨 → 나 (넥타이)

山田さんは私にネクタイをくれました。

야마다 씨는 나에게 넥타이를 주었습니다.

私は山田さんにネクタイをもらいまし
た。 나는 야마다 씨에게 넥타이를 받았습니다.

(2) 스미스 씨 → 여동생 (와인)

スミスさんは妹にワインをくれました。

스미스 씨는 여동생에게 와인을 주었습니다.

妹はスミスさんにワインをもらいました。 여동생은 스미스 씨에게 와인을 받았습니다.

3 🎧06-4

〈보기〉

엄마 / 맛있는 요리를 만들다

A : 다나카 씨 어제 생일이었죠?

B : 네.

A : 어머님이 무엇을 해 주셨습니까?

B : 엄마가 맛있는 요리를 만들어 주셨습니다.

(1) 아빠 / 귀여운 가방을 사다

A : 田中さん昨日誕生日でしたね。

다나카 씨 어제 생일이었죠?

B : はい。 네.

A : お父さんが何をしてくれましたか。

아버님이 무엇을 해 주셨습니까?

B : 父にかわいいバッグを買ってもらいました。 아빠가 귀여운 가방을 사 주셨습니다.

(2) 언니 / 케이크를 만들다

A : 田中さん昨日誕生日でしたね。

다나카 씨 어제 생일이었죠?

B : はい。 네.

A : お姉さんが何をしてくれましたか。

언니가 무엇을 해 주셨습니까?

B : 姉にケーキを作ってもらいました。

언니가 케이크를 만들어 주었습니다.

(3) 형 / 영화를 보여주다

A : 田中さん昨日誕生日でしたね。

다나카 씨 어제 생일이었죠?

B : はい。 네.

A : お兄さんが何をしてくれましたか。

형님이 무엇을 해 주셨습니까?

B : 兄に映画をおごってもらいました。

형이 영화를 보여 주었습니다.

(4) 친구 / 카드를 쓰다

A : 田中さん昨日誕生日でしたね。

다나카 씨 어제 생일이었죠?

B : はい。 네.

A : 友だちが何をしてくれましたか。

친구가 무엇을 해 주었습니까?

B : 友だちにカードを書いてもらいました。 친구가 카드를 써 주었습니다.

4 🎧06-5

〈보기〉

① 친구가 쓰다   ② 카드   ③ 어제 생일이다

A : 이것은 무엇입니까?

B : 친구가 써 준 카드입니다.

A : 왜요?

B : 어제 생일이었습니다.

A : 아, 그렇군요.

(1) ① 남자친구가 사다   ② 꽃다발   ③ 1년이 되는 기념일이다

A : これは何ですか。 이것은 무엇입니까?

B : 彼氏に買ってもらった花束です。

남자친구가 사 준 꽃다발입니다.

A : どうして？ 왜요?

B：1年になる記念日でした。

1년이 되는 기념일이었습니다.

A：あ、そうですか。 아, 그렇군요.

(2) ① 엄마가 만들다　② 옷　③ 엄마의 취미이다

A：これは何ですか。 이것은 무엇입니까?

B：母に作ってもらった服です。

엄마가 만들어 준 옷입니다.

A：どうして？ 왜요?

B：母の趣味でした。 엄마의 취미였습니다.

A：あ、そうですか。 아, 그렇군요.

(3) ① 친구가 고치다　② 컴퓨터　③ 고장이다

A：これは何ですか。 이것은 무엇입니까?

B：友だちに直してもらったパソコンです。 친구가 고쳐 준 컴퓨터입니다.

A：どうして？ 왜요?

B：故障でした。 고장이었습니다.

A：あ、そうですか。 아, 그렇군요.

(4) ① 선배가 빌려주다　② 우산　③ 어제 비다

A：これは何ですか。 이것은 무엇입니까?

B：先輩に貸してもらった傘です。

선배가 빌려준 우산입니다.

A：どうして？ 왜요?

B：昨日雨でした。 어제 비였습니다.

A：あ、そうですか。 아, 그렇군요.

듣기 연습

1　🎧06-6

(1) 友だちがコーヒーをくれました。

친구가 커피를 주었습니다.

(2) 道を教えてあげました。 길을 가르쳐 주었습니다.

(3) 会社まで送ってもらいました。

회사까지 바래다주었습니다.

(4) 子どもの時、父は毎日本を読んでくれました。 어렸을 때, 아빠는 매일 책을 읽어 주셨습니다.

2　🎧06-7

(1) ② － ⓒ　　(2) ① － ⓐ

(3) ④ － ⓑ　　(4) ③ － ⓓ

(1) 友だちの誕生日、何をしてあげましたか。 친구의 생일, 무엇을 해 주었습니까?

ケーキを作ってあげました。

케이크를 만들어 주었습니다.

(2) 去年のクリスマスは何をしましたか。

작년 크리스마스는 무엇을 했습니까?

兄が母に手袋を買ってあげました。

형이 엄마에게 장갑을 사 주었습니다.

(3) 買い物は誰と行きましたか。

쇼핑을 누구와 갔습니까?

彼氏が一緒に行ってくれました。

남자친구가 함께 가 주었습니다.

(4) 数学は誰が教えてくれましたか。

수학을 누가 가르쳐 주었습니까?

姉に教えてもらいました。

누나가 가르쳐 주었습니다.

쓰기 연습

(1) 友だちが写真を撮ってくれました。

(2) 母にお弁当を作ってもらいました。
(＝母がお弁当を作ってくれました。)

(3) 田中さんが使い方を教えてくれました。

(4) ホテルの予約をしてあげました。

(5) 案内しましょうか。

7

田中さんも行くと思います。
다나카 씨도 갈 것이라고 생각합니다.

말하기 연습

1 🎧07-2

〈보기〉
다나카 씨 / 컴퓨터를 잘합니다
A : 누가 컴퓨터를 잘합니까?
B : 다나카 씨가 잘한다고 생각합니다.

(1) 스즈키 / 회의에 참석합니다
A : 誰が会議に参加しますか。
누가 회의에 참석합니까?
B : 鈴木さんが参加すると思います。
스즈키 씨가 참석할 거라고 생각합니다.

(2) 야마다 / 술이 셌습니다
A : 誰がお酒が強かったですか。
누가 술이 셌습니까?
B : 山田さんが強かったと思います。
야마다 씨가 셌다고 생각합니다.

2 🎧07-3

〈보기〉
내일 휴일이다 / 10시까지 잡니다
A : 다나카 씨는 무엇이라고 말했습니까?
B : 내일 휴일이라 10시까지 잔다고 말했습니다.

(1) 바쁘다 / 토요일도 일이었습니다
A : 田中さんは何と言いましたか。
다나카 씨는 무엇이라고 말했습니까?
B : 忙しくて土曜日も仕事だったと言いました。 바빠서 토요일도 일이었다고 말했습니다.

(2) 내일 한가하다 / 친구를 만납니다
A : 田中さんは何と言いましたか。
다나카 씨는 무엇이라고 말했습니까?
B : 明日暇で友だちに会うと言いました。
내일 한가해서 친구 만난다고 말했습니다.

3 🎧07-4

〈보기〉
전화를 걸고 있습니다
A : 저 사람은 누구입니까?
B : 전화를 걸고 있는 사람입니까?
A : 네, 전화를 걸고 있는 사람.
B : 스즈키 씨입니다.

(1) 저기에서 커피를 마시고 있습니다
A : あの人は誰ですか。 저 사람은 누구입니까?
B : あそこでコーヒーを飲んでいる人ですか。 저기에서 커피를 마시고 있는 사람입니까?
A : はい、コーヒーを飲んでいる人。
네, 커피를 마시고 있는 사람.
B : 鈴木さんですね。 스즈키 씨입니다.

(2) 조금 전에 여기에 앉아 있었습니다

A：あの人は誰ですか。 저 사람은 누구입니까?

B：さっきここに座っていた人ですか。

조금 전에 여기에 앉아있던 사람입니까?

A：はい、座っていた人。

네, 앉아있던 사람.

B：鈴木さんですね。

스즈키 씨입니다.

(3) 빨간 원피스를 입고 있습니다

A：あの人は誰ですか。 저 사람은 누구입니까?

B：赤いワンピースを着ている人ですか。

빨간 원피스를 입고 있는 사람입니까?

A：はい、ワンピースを着ている人。

네, 원피스를 입고 있는 사람.

B：鈴木さんですね。

스즈키 씨입니다.

(4) 김 씨와 얘기하고 있습니다

A：あの人は誰ですか。 저 사람은 누구입니까?

B：キムさんと話している人ですか。

김 씨와 말하고 있는 사람입니까?

A：はい、話している人。

네, 말하고 있는 사람.

B：鈴木さんですね。

스즈키 씨입니다.

4 🎧07-5

〈보기〉

① 어제 사진을 찍었습니다 　② 테이블 위에 있습니다

A : 어제 찍은 사진은 어디에 있습니까?

B : 테이블 위에 있다고 생각합니다만….

A : 아, 그렇군요. 알겠습니다.

(1) ① 지난주에 펜을 샀습니다 　② 가방 안에 있습니다

A：先週買ったペンはどこにあります

か。 지난주에 산 펜은 어디에 있습니까?

B：かばんの中にあると思いますけど…。

가방 안에 있다고 생각합니다만 ….

A：あ、そうですか。わかりました。

아, 그렇군요. 알겠습니다.

(2) ① 도서관에서 책을 빌렸습니다 　② 책꽂이에 있습니다

A：図書館で借りた本はどこにあります

か。 도서관에서 빌린 책은 어디에 있습니까?

B：本棚にあると思いますけど…。

책꽂이에 있다고 생각합니다만….

A：あ、そうですか。わかりました。

아, 그렇군요. 알겠습니다.

(3) ① 오늘 자료를 사용합니다 　② 지금 복사하고 있습니다

A：今日使う資料はどこにありますか。

오늘 사용할 자료는 어디에 있습니까?

B：今コピーしていると思いますけど…。

지금 복사하고 있다고 생각합니다만….

A：あ、そうですか。わかりました。

아, 그렇군요. 알겠습니다.

(4) ① 다나카 씨가 그림을 그렸습니다 　② 벽에 붙여 있습니다

A：田中さんが描いた絵はどこにあります

か。 다나카 씨가 그린 그림은 어디에 있습니까?

B：壁に貼ってあると思いますけど…。

벽에 붙여 있다고 생각합니다만 ….

A：あ、そうですか。わかりました。

아, 그렇군요. 알겠습니다.

듣기 연습

1 🎧07-6

(1) キムさんも学生だと思います。

김 씨도 학생이라고 생각합니다.

(2) まだ食べていると思います。

아직 먹고 있다고 생각합니다.

(3) 親切で有名な店だったと言いました。

친절하고 유명한 가게였다고 말했습니다.

(4) 寒いから窓を開けないでくださいと言いました。 추우니까 창문을 열지 말아 주세요라고 말했습니다.

2 🎧07-7

(1) ⑤　　(2) ⑥　　(3) ①　　(4) ③

(1) A : 山田さんは誰ですか。

야마다 씨는 누구입니까?

B : スカートを履いている人です。

스커트를 입고 있는 사람입니다.

(2) A : 鈴木さんは誰ですか。

스즈키 씨는 누구입니까?

B : 椅子に座っている人です。

의자에 앉아 있는 사람입니다.

(3) A : キムさんは誰ですか。

야마다 씨는 누구입니까?

B : コーヒーを飲んでいる人です。

커피를 마시고 있는 사람입니다.

(4) A : 田中さんは誰ですか。

야마다 씨는 누구입니까?

B : めがねをかけている人です。

안경을 쓰고 있는 사람입니다.

쓰기 연습

(1) 明日も寒いと思います。

(2) 最近、忙しくて土曜日も仕事をしたと言いました。

(3) 昔住んでいた家は狭かったと思います。

(4) 友だちに会いに行くと言いました。

(5) デパートで見た人は山田さんでした。

8

薬を飲んだらどうですか。

약을 먹는 것이 어떨까요?

말하기 연습

1 🎧08-2

〈보기〉
머리가 아픕니다
A : 무슨 일이세요?
B : 머리가 아픕니다.

(1) 배가 아프다

A : どうしたんですか。무슨 일이세요?

B : お腹が痛いんです。 배가 아파요.

(2) 늦잠 자서 늦었습니다

A : どうしたんですか。무슨 일이세요?

B : 寝坊して遅れたんです。

늦잠 자서 늦었습니다.

2 🎧08-3

〈보기〉

약을 먹습니다

A : 배가 아파요.

B : <u>약을 먹는</u> 게 좋겠습니다.

(1) 일찍 돌아가서 쉽니다

A : 昨日遅くまで仕事をして疲れたんで
す。 어제 늦게까지 일을 해서 피곤합니다.

B : 早く帰って休んだ方がいいです。
일찍 돌아가서 쉬는 게 좋겠습니다.

(2) 담배를 피지 않습니다

A : 咳が止まりません。
기침이 멈추지 않습니다.

B : たばこを吸わない方がいいです。
담배를 피지 않는 게 좋겠습니다.

3 🎧08-4

〈보기〉

늦잠 잡니다

A : 무슨 일이세요?

B : <u>늦잠 자고 말았습니다.</u>

(1) 카메라를 떨어뜨렸습니다

A : どうしたんですか。 무슨 일이세요?

B : カメラを落としてしまいました。
카메라를 떨어뜨리고 말았습니다.

(2) 지갑을 잃어버렸습니다

A : どうしたんですか。 무슨 일이세요?

B : 財布をなくしてしまいました。
지갑을 잃어버리고 말았습니다.

(3) 열쇠를 잊어버리다

A : どうしたんですか。 무슨 일이세요?

B : かぎを忘れてしまいました。
열쇠를 잊어버리고 말았습니다.

4 🎧08-5

〈보기〉

① 과식하다   ② 배탈 나다   ③ 병원에 가 보다

A : 무슨 일이세요?

B : 과식해서, 배탈 났거든요.

A : 그럼, 병원에 가 보면 어떨까요?

B : 그렇네요. 그럼, 그렇게 하겠습니다.

(1) ① 늦잠 자다   ② 늦다   ③ 오늘부터 일찍 자다

A : どうしたんですか。 무슨 일이세요?

B : 寝坊して、遅れたんです。
늦잠 자서, 늦고 말았거든요.

A : じゃ、今日から早く寝たらどうです
か。 그럼, 오늘부터 일찍 자면 어떨까요?

B : そうですね。じゃ、そうします。
그렇네요. 그럼, 그렇게 하겠습니다.

(2) ① 무리하다   ② 컨디션이 안 좋아지다
③ 일찍 돌아가서 쉬다

A : どうしたんですか。 무슨 일이세요?

B : 無理して、具合が悪くなったんです。
무리해서, 컨디션이 안 좋거든요.

A : じゃ、早く帰って休んだらどうです
か。 그럼, 일찍 돌아가서 쉬면 어떨까요?

B : そうですね。じゃ、そうします。
그렇네요. 그럼, 그렇게 하겠습니다.

(3) ① 빵이 맛있다　② 많이 먹다　③ 약을 먹다

A：どうしたんですか。무슨 일이세요?

B：パンがおいしくて、いっぱい食べたんです。빵이 맛있어서, 많이 먹었거든요.

A：じゃ、薬を飲んだらどうですか。그럼, 약을 먹으면 어떨까요?

B：そうですね。じゃ、そうします。그렇네요. 그럼, 그렇게 하겠습니다.

(4) ① 일이 많다　② 늦게까지 일을 하다

③ 모두에게 도움을 받다

A：どうしたんですか。무슨 일이세요?

B：仕事が多くて、遅くまで仕事をしたんです。일이 많아서, 늦게까지 일을 했거든요.

A：じゃ、みんなに手伝ってもらったらどうですか。그럼, 모두에게 도움을 받으면 어떨까요?

B：そうですね。じゃ、そうします。그렇네요. 그럼, 그렇게 하겠습니다.

듣기 연습

1 🎧08-6

(1) 雨ですから行かない方がいいです。

비가 오기 때문에 안 가는 게 좋겠습니다.

(2) 明日までやってみた方がいいです。

내일까지 해 보는 게 좋겠습니다.

(3) たばこをやめたらどうですか。

담배를 끊으면 어떨까요?

(4) お酒を飲んでしまいました。

술을 마시고 말았습니다.

2 🎧08-7

(1)
（ × ）（ 〇 ）

(2)
（ × ）（ 〇 ）

(3)
（ × ）（ 〇 ）

(4)
（ 〇 ）（ × ）

(1) A：具合が悪いんです。

컨디션이 안 좋아요.

B：早く帰って休んだ方がいいです。

빨리 돌아가서 쉬는 게 좋겠습니다.

(2) A：風邪なんです。

감기거든요.

B：お風呂に入らない方がいいです。

목욕하지 않는 게 좋겠습니다.

(3) A：買いものに行きたいんです。

쇼핑 가고 싶어요.

B：今雨ですから行かない方がいいです。

지금 비가 오니까 가지 않는 게 좋겠습니다.

(4) A：頭が痛いんです。

머리가 아파요.

B：病院に行った方がいいです。

병원에 가는 게 좋겠습니다.

쓰기 연습

(1) ここに車を止めない方がいいです。

(2) 薬を飲んでゆっくり休んだ方がいいです。

(3) 明日まで頑張ってみたらどうですか。

(4) 昨日も遅くまで食べてしまいました。

(5) 新しいケータイを買わない方がいいです。

9

映画を見に行くつもりです。
영화를 보러 갈 생각입니다.

말하기 연습

1 🎧09-2

〈보기〉
영화를 봅니다
A : 주말에 무엇을 합니까?
B : 영화를 보려고 생각합니다.

(1) 집에서 푹 쉽니다
  A : 週末何をしますか。 주말에 무엇을 합니까?
  B : うちでゆっくり休もうと思います。
  집에서 푹 쉬려고 생각합니다.

(2) 오랜만에 친구와 술을 마십니다
  A : 今週の土曜日、何をしますか。
  이번 주 토요일, 무엇을 합니까?
  B : 久しぶりに友だちとお酒を飲もうと思います。 오랜만에 친구와 술을 마시려고 생각합니다.

(3) 가족과 유럽에 놀러 갑니다
  A : 夏休みは何をしますか。
  여름 휴가에 무엇을 합니까?
  B : 家族とヨーロッパへ遊びに行こうと思います。 가족과 유럽에 놀러 가려고 생각합니다.

2 🎧09-3

〈보기〉
공부합니다
A : 내일 무엇을 합니까?
B : 다음 주 테스트이기 때문에 공부할 작정입니다.

(1) 자전거를 탑니다
  A : 週末何をしますか。 주말에 무엇을 합니까?
  B : 友だちと公園で自転車に乗るつもりです。 친구와 공원에서 자전거를 탈 생각입니다.

(2) 2시간 정도 달립니다
  A : 今週の土曜日、何をしますか。
  이번 주 토요일, 무엇을 합니까?
  B : ダイエット中だから、2時間ぐらい走るつもりです。
  다이어트 중이기 때문에 2시간 정도 달릴 생각입니다.

(3) 리포트를 씁니다
  A : 今日何をしますか。 오늘 무엇을 합니까?
  B : 本を読んでレポートを書くつもりです。 책을 읽고 리포트를 쓸 생각입니다.

3 🎧09-4

〈보기〉
① 다음 달 회사를 그만두다   ② 유학을 갑니다
③ 영국에서 영어를 공부합니다
A : 다음 달에 회사를 그만둡니다.
B : 어, 왜요?
A : 회사를 그만두고 유학을 갈 예정입니다.
   영국에서 영어를 공부하려고 생각하고 있습니다.
B : 그렇군요. 힘내세요.

(1) ① 내일 체육관에 가다   ② 운동합니다
   ③ 갑자기 살쪄서 다이어트를 합니다

A：明日ジムに行きます。
あした　　　　　　い

내일 체육관에 갈 겁니다.

B：えっ、どうしてですか。 어, 왜요?

A：ジムに行って運動する予定です。
　　　　い　　うんどう　　よてい

체육관에 가서 운동할 예정입니다.

急に太ってダイエットしようと思っ
きゅう ふと　　　　　　　　　　　　　おも
ています。

갑자기 살이 쪄서 다이어트를 하려고 생각하고 있습니다.

B：そうですか。頑張ってください。
　　　　　　　　がんば

그렇군요. 힘내세요.

(2) ① 주말에 도서관에 가다　② 리포트를 씁니다

③ 일본 문화에 대해서 씁니다

A：週末図書館に行きます。
　　しゅうまつ としょかん　い

주말에 도서관에 갈 겁니다.

B：えっ、どうしてですか。 어, 왜요?

A：図書館に行ってレポートを書く予定で
　　としょかん　い　　　　　　　　　か　よてい
す。 도서관에 가서 리포트를 쓸 예정입니다.

日本の文化について書こうと思って
にほん　ぶんか　　　　　　か　　　　おも
います。 일본 문화에 대해서 쓰려고 생각하고 있습니다.

B：そうですか。頑張ってください。
　　　　　　　　がんば

그렇군요. 힘내세요.

(3) ① 오늘 친구를 만나다　② 중국어를 공부합니다

③ 다음 달 중국에 놀러 갑니다

A：今日友だちに会います。
　　きょう とも　　　あ

오늘 친구를 만날 겁니다.

B：えっ、どうしてですか。 어, 왜요?

A：友だちに会って中国語を勉強する予定
　　とも　　　あ　　ちゅうごくご べんきょう　よてい
です。 친구를 만나서 중국어를 공부할 예정입니다.

来月中国へ遊びに行こうと思ってい
らいげつちゅうごく あそ　い　　　　おも
ます。 다음 달에 중국에 놀러 가려고 생각하고 있습니다.

B：そうですか。頑張ってください。
　　　　　　　　がんば

그렇군요. 힘내세요.

(4) ① 아침 일찍 회사에 가다　② 출장 갑니다

③ 팀장님과 함께 갑니다

A：朝早く会社へ行きます。
　　あさはや がいしゃ　い

아침 일찍 회사에 갈 겁니다.

B：えっ、どうしてですか。 어, 왜요?

A：会社へ行って出張に行く予定です。
　　かいしゃ　い　　しゅっちょう　い　よてい

회사에 가서 출장을 갈 예정입니다.

チーム長と一緒に行こうと思ってい
　　　　ちょう いっしょ　い　　　　おも
ます。 팀장님과 함께 가려고 생각하고 있습니다.

B：そうですか。頑張ってください。
　　　　　　　　がんば

그렇군요. 힘내세요.

듣기 연습

1 🎧09-5

(1) 明日から勉強しようと思っています。
　　あした　　べんきょう　　　　　おも

내일부터 공부하려고 생각하고 있습니다.

(2) 4時まで仕事をするつもりです。
　　じ　　しごと

4시까지 일할 생각입니다.

(3) 会議は1時から始まる予定です。
　　かいぎ　　じ　　はじ　　よてい

회의는 1시부터 시작될 예정입니다.

(4) これからお酒は飲まないつもりです。
　　　　　　さけ　の

이제부터 술은 마시지 않을 생각입니다.

2 🎧09-6

〈보기〉			
① 약속	② 공부	③ 영화	④ 쇼핑

(1) ②　　　(2) ④　　　(3) ③

A：何時まで勉強しますか。
　　なんじ　　べんきょう

몇 시까지 공부할 겁니까?

B : 3時まで勉強する予定です。

3시까지 공부할 예정입니다.

A : 勉強して何をしますか。

공부하고 무엇을 할 겁니까?

B : 3時から買い物に行く予定です。

3시부터 쇼핑하러 갈 예정입니다.

A : それから何をしますか。

그러고 나서 무엇을 할 겁니까?

B : 友だちに会って映画を見る予定です。

친구를 만나서 영화를 볼 예정입니다.

A : 映画は何時に終わりますか。

영화는 몇 시에 끝납니까?

B : 7時に終わる予定です。 7시에 끝날 예정입니다.

쓰기 연습

(1) 毎日30分ずつ走ろうと思っています。

(2) 風邪ですけど、薬は飲まないつもりです。

(3) 家族と一緒に日本旅行に行く予定です。

(4) 明日から仕事も勉強も頑張ろう。

(5) 起きようと思っていません。

10

漢字を書くことができますか。

한자를 쓸 수 있습니까?

말하기 연습

1 🎧 10-2

〈보기〉

한자로 씁니다

A : 한자로 쓸 수 있습니까?

B₁ : 네, 할 수 있습니다.

B₂ : 아니요, 못 합니다.

(1) 일본어를 알아듣습니다

A : 日本語を聞き取ることができますか。

일본어를 알아들을 수 있습니까?

B₁ : はい、できます。

네, 할 수 있습니다.

B₂ : いいえ、できません。

아니요, 못 합니다.

(2) 자전거를 탑니다

A : 自転車に乗ることができますか。

자전거를 탈 수 있습니까?

B₁ : はい、できます。

네, 할 수 있습니다.

B₂ : いいえ、できません。

아니요, 못 합니다.

2 🎧10-3

〈보기〉

일본어를 말하다

A : 일본어를 말할 수 있습니까?

B₁ : 네, 조금 말할 수 있습니다.

B₂ : 아니요, 전혀 말하지 못합니다.

(1) 컴퓨터를 사용하다

A : パソコンが使えますか。

컴퓨터를 사용할 수 있습니까?

B₁ : はい、少し使えます。

네, 조금 사용할 수 있습니다.

B₂ : いいえ、全然使えません。

아니요, 전혀 사용하지 못합니다.

(2) 한자를 쓰다

A : 漢字が書けますか。

한자를 쓸 수 있습니까?

B₁ : はい、少し書けます。

네, 조금 쓸 수 있습니다.

B₂ : いいえ、全然書けません。

아니요, 전혀 못 씁니다.

3 🎧10-4

〈보기〉

술을 마시다

A : 술을 마실 수 있습니까?

B : 전에는 마시지 못했는데, 이제는 마실 수 있게 되었습니다.

(1) 일본 신문을 읽다

A : 日本の新聞が読めますか。

일본 신문을 읽을 수 있습니까?

B : 前は読めませんでしたけど、今は読めるようになりました。

전에는 읽지 못했는데, 이제는 읽을 수 있게 되었습니다.

(2) 혼자서 여행하다

A : 一人で旅行ができますか。

혼자서 여행할 수 있습니까?

B : 前はできませんでしたけど、今はできるようになりました。

전에는 못했는데, 이제는 할 수 있게 되었습니다.

(3) 기타를 치다

A : ギターが弾けますか。

기타를 칠 수 있습니까?

B : 前は弾けませんでしたけど、今は弾けるようになりました。

전에는 치지 못했는데, 이제는 칠 수 있게 되었습니다.

4 🎧10-5

〈보기〉

일 / 합니다

A : 최근 일은 어떻습니까?

B : 아직 멀었습니다만, 전보다 조금 할 수 있게 되었습니다.

A : 잘됐네요. 앞으로도 힘내세요.

(1) 일본어 / 말합니다

A : 最近日本語はどうですか。

최근 일본어는 어떻습니까?

B : まだまだですけど、前より少し話せるようになりました。

아직 멀었습니다만, 전보다 조금 말할 수 있게 되었습니다.

A : よかったですね。これからも頑張ってください。 잘됐네요. 앞으로도 힘내세요.

(2) 요리 / 만듭니다

A : 最近料理はどうですか。

최근 요리는 어떻습니까?

B : まだまだですけど、前より少し作れ
るようになりました。

아직 멀었습니다만, 전보다 조금 만들 수 있게 되었습니다.

A : よかったですね。これからも頑張って
ください。

잘됐네요. 앞으로도 힘내세요.

(3) 마라톤 / 오래 달립니다

A : 最近マラソンはどうですか。

최근 마라톤은 어떻습니까?

B : まだまだですけど、前より少し長く
走れるようになりました。

아직 멀었습니다만, 전보다 조금 오래 달릴 수 있게 되었습니다.

A : よかったですね。これからも頑張って
ください。 잘됐네요. 앞으로도 힘내세요.

(4) 피아노 / 칩니다

A : 最近ピアノはどうですか。

최근 피아노는 어떻습니까?

B : まだまだですけど、前より少し弾け
るようになりました。

아직 멀었습니다만, 전보다 조금 칠 수 있게 되었습니다.

A : よかったですね。これからも頑張って
ください。 잘됐네요. 앞으로도 힘내세요.

듣기 연습

1 🎧10-6

(1) 漢字を読むことができますか。

한자를 읽을 수 있습니까?

(2) 前はできませんでしたけど、今はできる
ようになりました。

전에는 못했습니다만, 지금은 할 수 있게 되었습니다.

(3) 書けますけど、聞き取れません。

쓸 수 있습니다만, 알아듣지 못합니다.

(4) 韓国の生活に慣れて、食べられるように
なりました。

한국 생활에 익숙해져서, 먹을 수 있게 되었습니다.

2 🎧10-7

(1) ①   (2) ④   (3) ⑥   (4) ③

(1) 今はどうですか。 지금은 어떻습니까?
前より早く走れるようになりました。

전보다 빨리 달릴 수 있게 되었습니다.

(2) 今はどうですか。 지금은 어떻습니까?
人の前で話せるようになりました。

사람 앞에서 말할 수 있게 되었습니다.

(3) 今はどうですか。 지금은 어떻습니까?
練習して韓国の歌が歌えるようになりま
した。 연습해서 한국 노래를 부를 수 있게 되었습니다.

(4) 今はどうですか。 지금은 어떻습니까?
一人で乗れるようになりました。

혼자서 탈 수 있게 되었습니다.

쓰기 연습

(1) 辛い料理が食べられますか。

(2) 前はできませんでしたけど、今はできる
ようになりました。

(3) 日本料理も作れます。

(4) ニュースが聞き取れるようになりました。
き と

(5) 20歳未満の人はタバコが吸えません。
はたち みまん ひと す

11

最近、寒くなりましたね。
さいきん さむ

최근에, 추워졌습니다.

말하기 연습

1 🎧 11-2

〈보기〉

소금을 넣다 / 맛있다 → 소금을 넣어서 맛있어졌습니다.

연습을 하다 / 잘하다 → 연습을 해서 잘하게 되었습니다.

대학에 붙다 / 대학생 → 대학에 붙어서 대학생이 되었습니다.

(1) 창문을 열다 / 춥다

→ 窓を開けて寒くなりました。
まど あ さむ

창문을 열어서 추워졌습니다.

(2) 청소를 하다 / 깨끗하다

→ 掃除をしてきれいになりました。
そうじ

청소를 해서 깨끗해졌습니다.

(3) 일본어를 좋아하다 / 일본어 선생님

→ 日本語が好きで日本語の先生になり
にほんご す にほんご せんせい
ました。 일본어를 좋아해서 일본어 선생님이 되었습니다.

(4) 담배를 끊다 / 건강하다

→ たばこをやめて元気になりました。
げんき

담배를 끊어서 건강해졌습니다.

2 🎧 11-3

〈보기〉

겨울이 됩니다 / 춥다

A : 겨울이 되면 어떻게 됩니까?

B : 추워집니다.

(1) 봄이 됩니다 / 따뜻하다

A : 春になるとどうなりますか。
はる

봄이 되면 어떻게 됩니까?

B : 暖かくなります。 따뜻해집니다.
あたた

(2) 술을 마십니다 / 수다쟁이다

A : お酒を飲むとどうなりますか。
さけ の

술을 마시면 어떻게 됩니까?

B : おしゃべりになります。 수다쟁이가 됩니다.

(3) 회사원이 됩니다 / 바쁘다

A : 会社員になるとどうなりますか。
かいしゃいん

회사원이 되면 어떻게 됩니까?

B : 忙しくなります。 바빠집니다.
いそが

3 🎧 11-4

〈보기〉

① 마을　② 조용하다　③ 번화하다

④ 여기　⑤ 사람들이 많다

A : 옛날과 비교해서 마을은 어떻게 변했습니까?

B : 전에는 조용했는데, 이제는 번화해 졌습니다.

A : 여기는 어떻습니까?

B : 여기도 전보다 사람들이 많아졌습니다.

(1) ① 일본어　② 못한다　③ 조금 잘하다

④ 한자　⑤ 읽을 수 있다

A : 昔と比べて日本語はどう変わりました
むかし くら にほんご か
か。 옛날과 비교해서 일본어는 어떻게 변했습니까?

B：前は下手でしたけど、今は少し上手
になりました。

전에는 못했습니다만, 지금은 조금 잘하게 되었습니다.

A：漢字はどうですか。

한자는 어떻습니까?

B：漢字も前より読めるようになりまし
た。 한자도 전보다 읽을 수 있게 되었습니다.

(2) ① 신장　② 작다　③ 10cm 크다

④ 체중　⑤ 5kg 정도 무겁다

A：昔と比べて身長はどう変わりました

か。 옛날과 비교해서 신장은 어떻게 변했습니까?

B：前は低かったですけど、今は10セン
チ高くなりました。

전에는 작았습니다만, 지금은 10cm 커졌습니다.

A：体重はどうですか。

체중은 어떻습니까?

B：体重も前より重くなりました。

체중도 전보다 무거워졌습니다.

(3) ① 듣기　② 못한다　③ 조금 들을 수 있다

④ 회화　⑤ 길게 말할 수 있다

A：昔と比べて聞き取りはどう変わりまし
たか。

옛날과 비교해서 듣기는 어떻게 변했습니까?

B：前はだめでしたけど、今は少し聞き
取れるようになりました。

전에는 못했습니다만, 지금은 조금 들을 수 있게 되었습니다.

A：会話はどうですか。 회화는 어떻습니까?

B：会話も前より長く話せるようになりま
した。 회화도 전보다 길게 말할 수 있게 되었습니다.

(4) ① 컴퓨터　② 무겁다　③ 가볍다

④ 핸드폰　⑤ 편리하다

A：昔と比べてパソコンはどう変わりまし
たか。

옛날과 비교해서 컴퓨터는 어떻게 변했습니까?

B：前は重かったですけど、今は軽くな
りました。

전에는 무거웠습니다만, 지금은 가벼워졌습니다.

A：携帯電話はどうですか。

핸드폰은 어떻습니까?

B：携帯電話も前より便利になりました。

핸드폰도 전보다 편리해졌습니다.

듣기 연습

1　🎧11-5

(1) お酒を飲むと顔が赤くなります。

술을 마시면 얼굴이 빨개집니다.

(2) 前は運動が嫌いでしたけど、今は好きに
なりました。

전에는 운동을 싫어했습니다만, 지금은 좋아하게 되었습니다.

(3) 会社員になりました。 회사원이 되었습니다.

(4) 毎日練習して日本語も上手になりまし
た。 매일 연습해서 일본어도 잘하게 되었습니다.

2　🎧11-6

(1) ⑤－②　　(2) ⑧－③

(3) ④－⑦　　(4) ⑥－①

(1) 前は低かったですけど、今は高くなりま
した。

전에는 (키가) 작았습니다만, 지금은 (키가) 커졌습니다.

(2) 前は少なかったですけど、今は多くなりました。
まえ　すく　　　　　　　　いま　おお

전에는 조금이었습니다만, 지금은 많아졌습니다.

(3) 前は小さかったですけど、今は大きくなりました。
まえ　ちい　　　　　　　　いま　おお

전에는 작았습니다만, 지금은 커졌습니다.

(4) 前は汚かったですけど、今はきれいになりました。
まえ　きたな　　　　　　　　いま

전에는 더러웠습니다만, 지금은 깨끗해졌습니다.

쓰기 연습

(1) 前は運動が嫌いでしたけど、今は好きになりました。
まえ　うんどう　きら　　　　　　　　　いま　す

(2) 春になると暖かくなります。
はる　　　　　あたた

(3) お酒を飲むと歌が歌いたくなります。
さけ　の　　うた　うた

(4) 友だちに会うとおしゃべりになります。
とも　　あ

(5) 毎日30分ずつ練習して上手になりました。
まいにち　ぷん　　　れんしゅう　じょうず

12

頑張ればできると思います。
がん　ば　　　　　　　　おも

열심히 하면 가능할 것이라고 생각합니다.

말하기 연습

1 🎧 12-2

〈보기〉
김 씨가 갑니다 / 저도 갑니다
→ 김 씨가 가면, 저도 가겠습니다.

(1) 돈이 있습니다 / 삽니다

→ お金があれば、買います。
かね　　　　　　　か

돈이 있으면, 사겠습니다.

(2) 아이입니다 / 안 됩니다

→ 子どもなら(ば)、だめです。
こ

아이라면, 안 됩니다.

(3) 날씨가 좋습니다 / 등산하러 갑니다

→ 天気がよければ、山登りに行きます。
てんき　　　　　　　やまのぼ　　い

날씨가 좋으면, 등산하러 가겠습니다.

2 🎧 12-3

〈보기〉
복권에 당첨됩니다 / 새 차를 삽니다
A : 만약, 복권에 당첨되면 무엇을 하고 싶습니까?
B : 새 차를 사고 싶습니다.

(1) 내일 세상이 끝납니다 / 가족과 함께 있습니다

A : もし、明日世界が終わったら何がしたいですか。
あした　せかい　お　　　　　なに

만약, 내일 세상이 끝나면 무엇을 하고 싶습니까?

B : 家族と一緒にいたいです。
かぞく　いっしょ

가족과 함께 있고 싶습니다.

(2) 대학 시절로 돌아갑니다 / 공부를 열심히 합니다.

A : もし、大学時代に戻ったら何がしたいですか。
だいがくじだい　もど　　　　なに

만약, 대학 시절로 돌아가면 무엇을 하고 싶습니까?

B : 勉強を頑張りたいです。
べんきょう　がん　ば

공부를 열심히 하고 싶습니다.

3 🎧12-4

〈보기〉

① 여행하러 갑니다　　　② 유럽

A : 여행하러 가고 싶습니다.

B : 여행이라면 유럽이 좋습니다.

(1) ① 쉽니다　② 집

A : 休みたいです。 쉬고 싶습니다.

B : 休むなら家がいいです。
쉴 거라면 집이 좋습니다.

(2) ① 여름 옷을 삽니다　② N 백화점

A : 夏の服を買いたいです。
여름 옷을 사고 싶습니다.

B : 夏の服を買うならNデパートがいいで
す。 여름 옷을 살 거라면 N 백화점이 좋습니다.

(3) ① 데이트를 합니다　② 드라이브

A : デートしたいです。 데이트하고 싶습니다.

B : デートならドライブがいいです。
데이트라면 드라이브가 좋습니다.

(4) ① 영화를 봅니다　② 러브 스토리

A : 映画を見たいです。 영화보고 싶습니다.

B : 映画を見るならラブストーリーがい
いです。 영화를 볼 거라면 러브 스토리가 좋습니다.

4 🎧12-5

〈보기〉

① 봄　　② 꽃놀이　　③ 어디　　④ 우에노 공원

A : 이제 곧 봄이네요.

B : 봄이 되면, 역시 꽃놀이이지요.

A : 꽃놀이는, 어디가 좋습니까?

B : 꽃놀이라면, 우에노 공원이 좋습니다.

(1) ① 여름휴가　② 바캉스　③ 어디　④ 동남아시아

A : もうすぐ夏休みですね。
이제 곧 여름휴가네요.

B : 夏休みになれば、やっぱりバカンス
ですね。 여름휴가가 되면, 역시 바캉스이지요.

A : バカンスは、どこがいいですか。
바캉스는, 어디가 좋습니까?

B : バカンスなら、東南アジアがいいで
す。 바캉스라면, 동남아시아가 좋습니다.

(2) ① 설날　② 세뱃돈　③ 얼마　④ 1,000엔

A : もうすぐお正月ですね。
이제 곧 설날이네요.

B : お正月になれば、やっぱりお年玉で
すね。 설날이 되면, 역시 세뱃돈이지요.

A : お年玉は、いくらがいいですか。
세뱃돈은, 얼마가 좋습니까?

B : お年玉なら、1000円がいいです。
세뱃돈이라면, 1,000엔이 좋습니다.

(3) ① 월말　② 회식　③ 어디　④ 회사 앞 이자카야

A : もうすぐ月末ですね。 이제 월말이네요.

B : 月末になれば、やっぱり飲み会です
ね。 월말이 되면, 역시 회식이지요.

A : 飲み会は、どこがいいですか。
회식은, 어디가 좋습니까?

B : 飲み会なら、会社の前の居酒屋がい
いです。
회식이라면, 회사 앞 이자카야가 좋습니다.

(4) ① 크리스마스　② 선물　③ 무엇　④ 돈

A : もうすぐクリスマスですね。
이제 곧 크리스마스네요.

B : クリスマスになれば、やっぱりプレゼントですね。

크리스마스가 되면, 역시 선물이지요.

A : プレゼントは、何がいいですか。

선물은, 무엇이 좋습니까?

B : プレゼントなら、お金がいいです。

선물이라면, 돈이 좋습니다.

듣기 연습

1 🎧12-6

(1) 北海道なら雪まつりが有名です。

북해도라면 눈꽃축제가 유명합니다.

(2) もし、宝くじに当たったら、会社をやめます。 만약 복권에 당첨되면, 회사를 그만두겠습니다.

(3) 高ければ買いません。 비싸면 안 삽니다.

(4) 時間があれば、行ってみたいです。

시간이 있으면, 가 보고 싶습니다.

2 🎧12-7

(1) ① - ⓒ　　　(2) ② - ⓓ

(3) ③ - ⓑ　　　(4) ④ - ⓐ

(1) A : 北海道に行きたいです。

북해도에 가고 싶습니다.

B : 北海道なら雪まつりですね。

북해도라면 눈꽃축제지요.

(2) A : 箱根に行きたいです。

하코네에 가고 싶습니다.

B : 箱根なら温泉ですね。

하코네라면 온천이지요.

(3) A : 花見に行きたいです。

꽃놀이하러 가고 싶습니다.

B : 花見なら上野公園ですね。

꽃놀이라면 우에노 공원이지요.

(4) A : 大阪に行きたいです。

오사카에 가고 싶습니다.

B : 大阪ならたこ焼きですね。

오사카라면 다코야끼지요.

쓰기 연습

(1) 宝くじに当たったら、会社をやめたいです。

(2) 買い物に行くなら、一緒に行きましょう。

(3) おいしければ、食べます。

(4) 子どもなら、無理です。

(5) 男になったら何がしたいですか。

13

あのバッグは高そうですね。

저 가방은 비쌀 것 같아요.

말하기 연습

1 🎧13-2

〈보기〉

비가 옵니다.

→ 비가 올 것 같습니다.

(1) 펜이 떨어집니다.

→ ペンが落ちそうです。

펜이 떨어질 것 같습니다.

(2) 바쁩니다.

→ 忙しそうです。

바쁠 것 같습니다.

(3) 성실합니다.

→ 真面目そうです。

성실할 것 같습니다.

(4) 나무가 쓰러집니다.

→ 木が倒れそうです。

나무가 쓰러질 것 같습니다.

(5) 일이 없습니다.

→ 仕事がなさそうです。

일이 없을 것 같습니다.

(6) 저 아이는 머리가 좋습니다.

→ あの子は頭がよさそうです。

저 아이는 머리가 좋을 것 같습니다.

2 🎧13-3

〈보기〉

사고입니다

A : 사람들이 모여 있습니다.

B : 사고인 것 같습니다.

(1) 감기에 걸렸습니다

A : 具合が悪いですか。 컨디션이 안 좋습니다.

B : 風邪をひいたようです。

감기에 걸린 것 같습니다.

(2) 부재중입니다

A : 電気が消えていますね。 불이 꺼져 있습니다.

B : 留守のようです。 부재중인 것 같습니다.

(3) 맛있습니다

A : いつも人が並んでいますね。

항상 사람들이 줄 서 있습니다.

B : おいしいようです。 맛있는 것 같습니다.

3 🎧13-4

〈보기〉

무언가 나쁜 일이 있습니다

A : 그녀는 조금 전부터 계속 울고 있습니다.

B : 무언가 나쁜 일이 있었던 것 같습니다.

(1) 저 프로그램은 재미있습니다

A : みんな笑っていますね。

모두 웃고 있네요.

B : あの番組はおもしろいみたいですね。

저 프로그램은 재미있는 것 같습니다.

(2) 저 노래 유행하고 있습니다

A : みんなさっきからずっと同じ歌を歌っ ていますね。

모두 조금 전부터 계속 같은 노래를 부르고 있네요.

B : あの歌流行っているみたいですね。

저 노래가 유행하고 있는 것 같습니다.

(3) 다나카 씨를 좋아합니다

A : 鈴木さん、いつも田中さんのことを聞 いていますね。

스즈키 씨, 항상 다나카 씨 일을 묻고 있네요.

B : 田中さんが好きみたいですね。

다나카 씨를 좋아하는 것 같습니다.

4 🎧 13-5

〈보기〉

① 사고가 있다　② 응급차가 와 있다　③ 사람이 다치다

A : 무슨 일이세요?

B : 사고가 있었던 것 같아요.

A : 그렇네요. 응급차가 와 있어요.

B : 사람이 다친 것 같아요.

(1) ① 비가 오다　② 길이 젖어 있다　③ 비는 이제 그치다

A : どうしたんですか。무슨 일이세요?

B : 雨が降ったようです。비가 왔었던 것 같아.

A : そうですね。道がぬれていますね。

　　그렇네요. 길이 젖어 있네요.

B : 雨はもう止んだみたいです。

　　비는 이제 그친 것 같네요.

(2) ① 스즈키 씨가 케이크를 만들다　② 좋은 냄새가 나다

③ 아이 생일이다

A : どうしたんですか。무슨 일이세요?

B : 鈴木さんがケーキを作ったようです。

　　스즈키 씨가 케이크를 만든 것 같아요.

A : そうですね。いいにおいがしますね。

　　그렇네요. 좋은 냄새가 나요.

B : 子どもの誕生日みたいです。

　　아이의 생일인 것 같아요.

(3) ① 다나카 씨가 회사를 그만두다　② 책상 위가 깨끗하다

③ 정리해고

A : どうしたんですか。무슨 일이세요?

B : 田中さんが会社をやめたようです。

　　다나카 씨가 회사를 그만둔 것 같아요.

A : そうですね。机の上がきれいですね。

　　그렇네요. 책상 위가 깨끗해요.

B : リストラみたいです。

　　정리해고인 것 같아요.

(4) ① 저 사람 술을 마시다　② 얼굴이 빨갛다　③ 회식

A : どうしたんですか。무슨 일이세요?

B : あの人、お酒を飲んだようです。

　　저 사람, 술 마신 것 같아요.

A : そうですね。顔が赤いですね。

　　그렇네요. 얼굴이 빨개요.

B : 飲み会みたいです。

　　회식인 것 같아요.

듣기 연습

1 🎧 13-6

(1) 今にも雨が降りそうです。

　　금방이라도 비가 올 것 같습니다.

(2) 前の人お酒を飲んだようです。

　　앞 사람 술 마신 것 같습니다.

(3) 学生のようです。학생인 것 같습니다.

(4) おいしそうです。맛있을 것 같습니다.

2 🎧 13-7

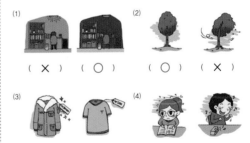

(1) (×)　(○)　(2) (○)　(×)

(3) (×)　(○)　(4) (×)　(○)

(1) 誰もいないようです。아무도 없는 것 같습니다.

(2) 台風が来そうにありません。

　　태풍이 올 것 같지 않습니다.

(3) 高くなさそうです。비쌀 것 같지 않습니다.

(4) あの人は真面目じゃなさそうです。

저 사람은 성실할 것 같지 않습니다.

쓰기 연습

(1) 風邪をひいたみたいです。

(2) おいしそうです。

(3) 留守のようです。(留守みたいです。)

(4) 頭がよさそうです。

(5) 雨が降りそうにもないです。

14

田中さんが結婚するそうです。
다나카 씨가 결혼한다고 합니다.

말하기 연습

1 🎧14-2

〈보기〉
내년부터 학교에 갑니다.
→ 내년부터 학교에 간다고 합니다.

(1) 일기 예보에 의하면 내일부터 장마입니다.
→ 天気予報によると明日から梅雨だそうです。
일기 예보에 의하면 내일부터 장마라고 합니다.

(2) 다나카 씨는 이제 곧 돌아옵니다.
→ 田中さんはもうすぐ帰って来るそうです。 다나카 씨는 이제 곧 돌아온다고 합니다.

(3) 저 영화는 재미있었습니다.
→ あの映画はおもしろかったそうです。 저 영화는 재미있었다고 합니다.

2 🎧14-3

〈보기〉
사고가 있었습니다.
→ 사고가 있었던 것 같습니다.

(1) 스즈키 씨는 중국에 없습니다.
→ 鈴木さんは中国にいないらしいです。
스즈키 씨는 중국에 없는 것 같습니다.

(2) 키무라 씨는 모두에게 친절합니다.
→ 木村さんはみんなに親切らしいです。
키무라 씨는 모두에게 친절한 것 같습니다.

(3) 내일부터 태풍이 옵니다.
→ 明日から台風が来るらしいです。
내일부터 태풍이 올 것 같습니다.

3 🎧14-4

〈보기〉
① 기쁩니다   ② 다음 달에 결혼합니다
③ 하와이에서 결혼합니다
A : 다나카 씨 기쁜 거 같아요.
B : 다음 달에 결혼한다고 합니다.
A : 정말이요?
B : 하와이에서 할 것이라고 합니다.

(1) ① 슬픕니다   ② 애인과 헤어졌습니다   ③ 싸웠습니다
A : 田中さん悲しそうですね。
다나카 씨 슬픈 것 같아요.
B : 恋人と別れたそうです。
애인하고 헤어졌다고 합니다.

A : 本当_{ほんとう}ですか。 정말이요?

B : けんかをしたそうです。 싸웠다고 합니다.

(2) ① 기쁩니다　② 남자친구가 생겼습니다

③ 잘생기고 친절한 사람입니다

A : 田中_{たなか}さん嬉_{うれ}しそうですね。

다나카 씨 기쁜 것 같아요.

B : 彼氏_{かれし}ができたそうです。

남자친구가 생겼다고 합니다.

A : 本当_{ほんとう}ですか。 정말이요?

B : ハンサムで親切_{しんせつ}な人_{ひと}だそうです。

잘생기고 친절한 사람이라고 합니다.

(3) ① 기운이 없습니다　② 대학에 떨어졌습니다

③ 군대에 갑니다

A : 田中_{たなか}さん元気_{げんき}がなさそうですね。

다나카 씨 기운이 없는 것 같습니다.

B : 大学_{だいがく}に落_おちたそうです。

대학에 떨어졌다고 합니다.

A : 本当_{ほんとう}ですか。 정말이요?

B : 軍隊_{ぐんたい}へ行_いくそうです。

군대에 갈 것이라고 합니다.

(4) ① 무언가 있습니다　② 복권에 당첨되었습니다

③ 해외에 갑니다

A : 田中_{たなか}さん何_{なに}かありそうですね。

다나카 씨 뭔가 있는 것 같아요.

B : 宝_{たから}くじに当_あたったそうです。

복권에 당첨됐다고 합니다.

A : 本当_{ほんとう}ですか。 정말이요?

B : 海外_{かいがい}へ行_いくそうです。

해외에 갈 것이라고 합니다.

---

4 🎧14-5

〈보기〉

① 남자친구와 헤어졌습니다　② 왜　③ 싸웠습니다

A : 스즈키 씨 알고 있습니까?

B : 뭔데요?

A : 다나카 씨가 <u>남자친구와 헤어진</u> 거 같아요.

B : 정말요? <u>왜요?</u>

A : <u>싸운 거 같아요.</u>

(1) ① 결혼합니다　② 어디에서　③ 일본에서 합니다

A : 鈴木_{すずき}さん、知_しっていますか。

스즈키 씨, 알고 있습니까?

B : 何_{なん}ですか。 뭔데요?

A : 田中_{たなか}さんが結婚_{けっこん}するらしいです。

다나카 씨가 결혼하는 것 같아요.

B : 本当_{ほんとう}ですか。どこで？

정말요? 어디서요?

A : 日本_{にほん}でするらしいです。

일본에서 하는 것 같아요.

(2) ① 유학 갑니다　② 언제　③ 다음 달에 갑니다

A : 鈴木_{すずき}さん、知_しっていますか。

스즈키 씨, 알고 있습니까?

B : 何_{なん}ですか。 뭔데요?

A : 田中_{たなか}さんが留学_{りゅうがく}に行_いくらしいです。

다나카 씨가 유학 가는 것 같아요.

B : 本当_{ほんとう}ですか。いつ？

정말요? 언제?

A : 来月_{らいげつ}行_いくらしいです。

다음 달에 가는 것 같아요.

(3) ① 입원했습니다　② 왜　③ 다쳤습니다

A : 鈴木さん、知っていますか。
　스즈키 씨, 알고 있습니까?

B : 何ですか。 뭔데요?

A : 田中さんが入院したらしいです。
　다나카 씨가 입원한 것 같아요.

B : 本当ですか。どうして？
　정말요? 왜요?

A : けがをしたらしいです。
　다친 것 같아요.

(4) ① 복권에 당첨되었습니다　② 얼마　③ 10억입니다

A : 鈴木さん、知っていますか。
　스즈키 씨 알고 있습니까?

B : 何ですか。 뭔데요?

A : 田中さんが宝くじに当たったらしいで
　す。 다나카 씨가 복권에 당첨된 것 같아요.

B : 本当ですか。いくら？
　정말요? 얼마요?

A : 10億らしいです。
　10억인 것 같아요.

듣기 연습

1 🎧 **14-6**

(1) さっきご飯を食べたそうです。
　조금 전에 밥을 먹었다고 합니다.

(2) 来週結婚するらしいです。
　다음 주 결혼할 것 같습니다.

(3) 学生らしくないです。
　학생답지 않습니다.

(4) 今日は行かなかったそうです。
　오늘은 가지 않았다고 합니다.

2 🎧 **14-7**

(1) ②　　(2) ④　　(3) ①　　(4) ③

(1) A : 明日は雨が降りますか。
　내일은 비가 올까요?

B : 天気予報によると雨が降らないそう
　です。
　일기 예보에 의하면 비가 오지 않을 거라고 합니다.

(2) A : キムさんが結婚するらしいです。
　김 씨가 결혼할 것 같습니다.

B : だれから聞きましたか。
　누구한테 들었습니까?

A : 鈴木さんですよ。 스즈키 씨요.

(3) A : 田中さんの彼氏はどんな人ですか。
　다나카 씨 남자친구는 어떤 사람입니까?

B : パクさんによると、ハンサムでやさ
　しい人だそうです。
　박 씨에 의하면 잘 생기고 자상한 사람이라고 합니다.

(4) A : キムさんが宝くじに当たったらしいで
　す。 김 씨가 복권에 당첨된 것 같아요.

B : 私も聞きました。でも、うわさです
　ね。 저도 들었습니다. 그런데, 소문이래요.

쓰기 연습

(1) 一度も会ったことがないそうです。

(2) 来週旅行に行くらしいです。

(3) 彼女と一緒に行くと別れるそうです。

(4) おいしいですけど、不親切らしいです。

(5) 女らしい服です。

15

店長に怒られたんです。
てんちょう おこ
점장님에게 혼났습니다.

말하기 연습

1 🎧15-2

〈보기〉
선생님이 나를 혼냈습니다.
→ 나는 선생님께 혼났습니다.

(1) 엄마가 나를 1시간이나 일찍 깨웠습니다.

→ (私は) 母に1時間も早く起こされました。
はは じかん はや お
엄마는 나를 1시간이나 일찍 깨웠습니다.

(2) 선생님이 나를 불렀습니다.

→ (私は) 先生に呼ばれました。
せんせい よ
선생님이 나를 불렀습니다.

(3) 선생님이 나를 칭찬했습니다.

→ (私は) 先生にほめられました。
せんせい
나는 선생님께 칭찬받았습니다.

2 🎧15-3

〈보기〉
선생님이 내 작문을 칭찬하셨습니다.
→ 선생님이 (내) 작문을 칭찬하셨습니다.

(1) 동생이 내 컴퓨터를 고장 냈습니다.

→ (私は) 弟にパソコンを壊されました。
おとうと こわ
동생이 (내) 컴퓨터를 고장 냈습니다.

(2) 엄마가 내 일기를 읽었습니다.

→ (私は) 母に日記を読まれました。
はは にっき よ
엄마가 (내) 일기를 읽었습니다.

(3) 아이가 내 옷을 더럽혔습니다.

→ (私は) 子どもに服を汚されました。
こ ふく よご
아이가 (내) 옷을 더럽혔습니다.

3 🎧15-4

〈보기〉
이 건물은 언제 지었습니까? (1990년)
→ 1990年에 지워졌습니다.

(1) 언제 이 그림을 그렸습니까? (100년 전)

→ 100年前に描かれました。
ねんまえ か
100년 전에 그려졌습니다.

(2) 누가 이 기사를 읽습니까? (전 세계)

→ 世界中で読まれます。
せかいじゅう よ
전 세계에서 읽습니다.

(3) 언제 이 책을 썼습니까? (작년)

→ 去年書かれました。
きょねん か
작년에 쓰여졌습니다.

(4) 5월 테스트는 언제 실시합니까? (4번째 수요일)

→ 4週目の水曜日に行われます。
しゅう め すいよう び おこな
4번째 수요일에 실시됩니다.

4 🎧15-5

〈보기〉
① 과장님이 화내다 ② 아침에 늦잠자서 늦다
③ 늦지 않다
A : 무슨 일이세요?
B : 과장님에게 혼났거든요.
A : 왜요?
B : 아침에 늦잠 자서 늦었습니다.
A : 앞으로는 늦지 않는 게 좋겠네요

(1) ① 선생님이 혼내다　② 숙제를 잊고 하지 않다

③ 숙제를 잊지 않고 하다

A：どうしたんですか。무슨 일이세요?

B：先生に叱られたんです。

선생님께 혼났거든요.

A：どうして？ 왜요?

B：宿題を忘れてしなかったんです。

숙제를 잊고 안 했습니다.

A：これからは宿題を忘れないでした方が

いいですね。

앞으로는 숙제를 잊지 않고 하는 게 좋겠습니다.

(2) ① 여자친구가 때리다　② 약속을 지키지 않다

③ 제대로 약속을 지키다

A：どうしたんですか。무슨 일이세요?

B：彼女にたたかれたんです。

여자친구에게 맞았거든요.

A：どうして？ 왜요?

B：約束を守らなかったんです。

약속을 지키지 않았습니다.

A：これからはちゃんと約束を守った方が

いいですね。

앞으로는 제대로 약속을 지키는 게 좋겠네요.

(3) ① 모두가 웃다　② 수업 중에 졸아 버리다

③ 밤에 일찍 자다

A：どうしたんですか。무슨 일이세요?

B：みんなに笑われたんです。

모두에게 웃음거리가 되었거든요.

A：どうして？ 왜요?

B：授業中に居眠りをしてしまったんで

す。 수업 중에 졸고 말았습니다.

A：これからは居眠りをしない方がいいで

すね。 앞으로는 졸지 않는 게 좋겠네요.

(4) ① 비가 오다　② 우산을 가지고 오지 않다

③ 일기예보를 보다

A：どうしたんですか。무슨 일이세요?

B：雨に降られたんです。

비 맞았거든요.

A：どうして？ 왜요?

B：傘を持って来なかったんです。

우산을 가지고 오지 않았습니다.

A：これからは天気予報を見た方がいいで

すね。 앞으로는 일기 예보를 보는 게 좋겠네요.

듣기 연습

1 🎧15-6

(1) 最近若者によく読まれている本です。

최근 젊은이들이 잘 읽는 책입니다.

(2) 先生に名前を呼ばれました。

선생님이 이름을 불렀습니다.

(3) 1997年に建てられました。

1997년에 지어졌습니다.

(4) 雨に降られて風邪をひいてしまいまし

た。 비를 맞아 감기에 걸리고 말았습니다.

＊ 1997년의 7은 보통 しち라고 읽습니다. 그러나 숫자 1(いち)과 혼동을 피하기 위해, なな라고도 읽습니다.

2 🎧15-7

(1) ②　　(2) ③　　(3) ④　　(4) ①

(1) A：どうしたんですか。무슨 일이세요?

B：今日6時半に起こされて疲れたんで

す。 오늘 6시 반에 일어나서 피곤합니다.

(2) A : どうしたんですか。 무슨 일이세요?

B : 子どもに服を汚されたんです。

아이가 옷을 더럽혔습니다.

(3) A : どうしたんですか。 무슨 일이세요?

B : 雨に降られて風邪をひいたんです。

비를 맞아서 감기에 걸렸습니다.

(4) A : どうしたんですか。 무슨 일이세요?

B : 赤ちゃんに泣かれて、眠れなかったんです。 아기가 울어서 잠을 자지 못했습니다.

쓰기 연습

(1) 電車で隣の人に足を踏まれました。

(2) 弟にパソコンを壊されました。

(3) 友だちに遊びに来られて勉強ができませんでした。

(4) 毎日母に早く起こされます。

(5) 誕生日のパーティーに招待されました。

16

子どもの時、どんなことをよくさせられましたか。 어렸을 때, 어떤 일을 자주 시키셨습니까?

말하기 연습

1 🎧16-2

〈보기〉

나 / 딸 / 쇼핑하러 가다

→ 나는 딸을 쇼핑하러 가게 했습니다.

---

(1) 나 / 아들 / 혼자서 가다

→ 私は息子を一人で行かせました。

나는 아들을 혼자 가게 했습니다.

(2) 부장님 / 다나카 씨 / 오사카에 출장 가다

→ 部長は田中さんを大阪へ出張させました。 부장님은 다나카 씨를 오사카에 출장 가게 했습니다.

(3) 오빠 / 여동생 / 울다

→ 兄は妹を泣かせました。

오빠는 여동생을 울게 했습니다.

2 🎧16-3

〈보기〉

매일 우유를 마십니다.

→ 엄마는 매일 나에게 우유를 마시게 합니다.

(1) 매일 1시간씩 남동생은 피아노를 칩니다.

→ 母は毎日1時間ずつ弟にピアノを弾かせます。

엄마는 매일 1시간씩 남동생에게 피아노를 치게 합니다.

(2) 하루에 3번 아이는 이를 닦습니다.

→ 母は一日に3回子どもに歯を磨かせます。

엄마는 하루에 3번 아이에게 이를 닦게 했습니다.

(3) 주에 3회 여동생은 일본어를 배웁니다.

→ 母は週に3回妹に日本語を習わせます。

엄마는 주에 3회 여동생은 일본어를 배우게 했습니다.

3 🎧16-4

〈보기〉

엄마는 학원에 다니게 했습니다.

→ <u>엄마로 인해 억지로 학원을 다니게 되었습니다.</u>

(1) 엄마는 여동생과 놀게 했습니다.

→ 母に妹と遊ばせられました(遊ばされました)。

엄마로 인해 억지로 여동생과 놀게 되었습니다.

(2) 엄마는 책을 읽게 했습니다.

→ 母に本を読ませられました(読まされました)。

엄마로 인해 억지로 책을 읽게 되었습니다.

(3) 선생님이 발표시켰습니다.

→ 先生に発表させられました。

선생님으로 인해 억지로 발표하게 되었습니다.

(4) 엄마는 매일 수영장에 보냈습니다.

→ 母に毎日プールへ行かせられました(行かされました)。

엄마로 인해 억지로 매일 수영장에 가게 되었습니다.

4 🎧16-5

〈보기〉

① 컨디션이 안 좋다　② 술을 마시다　③ 빨리 돌아가다

A : 무슨 일이세요?

B : <u>①컨디션이 안 좋아요.</u>

A : 왜요?

B : 어제 선배 때문에 할 수 없이 ②<u>술을 마시게</u> 되었습니다. 죄송합니다만, ③<u>일찍 돌아가게</u> 해 주세요.

A : 네 알겠습니다.

(1) ① 피곤했다　② 12시까지 일을 하다　③ 오늘 쉬다

A : どうしたんですか。 무슨 일이세요?

B : 疲れたんです。 피곤합니다.

A : どうして？ 왜요?

B : 昨日先輩に12時まで仕事をさせられました。すみませんが、今日休ませてください。

어제 선배 때문에 할 수 없이 12시까지 일을 하게 되었습니다. 죄송합니다만, 오늘 쉬게 해 주세요.

A : はい、わかりました。 네, 알겠습니다.

(2) ① 감기 걸렸다　② 수영장에 가다　③ 병원에 가다

A : どうしたんですか。 무슨 일이세요?

B : 風邪をひいたんです。 감기 걸렸습니다.

A : どうして？ 왜요?

B : 昨日先輩にプールへ行かせられました。すみませんが、病院へ行かせてください。

어제 선배 때문에 할 수 없이 수영장에 가게 되었습니다.

죄송합니다만, 병원에 가게 해 주세요.

A : はい、わかりました。 네, 알겠습니다.

(3) ① 배탈 났다　② (구워 먹는) 고기를 많이 먹다　③ 화장실에 가다

A : どうしたんですか。 무슨 일이세요?

B : お腹を壊したんです。 배탈 났습니다.

A : どうして？ 왜요?

B : 昨日先輩に焼肉をいっぱい食べさせられました。すみませんが、トイレに行かせてください。

어제 선배 때문에 할 수 없이 고기를 많이 먹게 되었습니다.

죄송합니다만, 화장실에 가게 해 주세요.

A : はい、わかりました。 네, 알겠습니다.

(4) ① 팔이 아프다　② 요리를 만들다　③ 파스를 사러 가다

A : どうしたんですか。 무슨 일이세요?

B : 腕が痛いんです。 팔이 아픕니다.

A : どうして？ 왜요?

B : 昨日先輩に料理を作らせられました。
きのう せんぱい りょうり つく
すみませんが、シップを買いに行か
か い
せてください。

어제 선배 때문에 할 수 없이 요리를 만들게 되었습니다.

죄송합니다만, 파스를 사러 가게 해 주세요.

A : はい、わかりました。 네, 알겠습니다.

듣기 연습

1 🎧16-6

(1) 7時に学校へ行かせました。
じ がっこう い

7시에 학교에 가게 했습니다.

(2) あれは人を泣かせる映画です。
ひと な えいが

저것은 사람을 울리는 영화입니다.

(3) 手を洗わせられました。
て あら

할 수 없이 손을 씻게 되었습니다.

(4) 夜遅くまでお酒を飲まされました。
よるおそ さけ の

밤늦게까지 할 수 없이 술을 마시게 되었습니다.

2 🎧16-7

(1) ②　　(2) ③　　(3) ④　　(4) ①

(1) A : どうしたんですか。 무슨 일이세요?

B : 昨日先輩にお酒を飲ませられて、頭
きのう せんぱい さけ の あたま
が痛いんです。 어제 선배 때문에 할 수 없이 술을
いた

마시게 되어, 머리가 아픕니다.

(2) A : どうしたんですか。 무슨 일이세요?

B : 毎日母に塾に行かせられて、遊ぶ時
まいにちはは じゅく い あそ じ
間がないんです。 매일 엄마 때문에 학원에 할
かん

수 없이 가게 되어, 놀 시간이 없습니다.

(3) A : どうしたんですか。 무슨 일이세요?

B : 先輩に仕事を手伝わせられて、疲れ
せんぱい しごと てつだ つか
たんです。

선배 때문에 할 수 없이 일을 돕게 되어, 피곤합니다.

(4) A : どうしたんですか。 무슨 일이세요?

B : 子どもに本を読ませられて、目が痛
こ ほん よ め いた
いんです。

아이 때문에 할 수 없이 책을 읽게 되어, 눈이 아픕니다.

쓰기 연습

(1) 母は毎日塾へ行かせます。
はは まいにちじゅく い

(2) 母に弟と遊ばせられました(遊ばされま
はは おとうと あそ あそ
した)。

(3) 先輩にお酒を飲ませられました(飲まさ
せんぱい さけ の の
れました)。

(4) 一日に3回ずつ歯を磨かせました。
いちにち かい は みが

(5) 今日は家で休ませてください。
きょう うち やす

17

いつもお世話になっております。
せ わ

항상 신세 지고 있습니다.

말하기 연습

1 🎧17-2

〈보기〉
갑니다
① 가십니다.
② 갑니다(의 겸양어).

(1) 합니다

　　① なさいます。　하십니다.

　　② いたします。　합니다. (겸양어)

(2) 말합니다

　　① おっしゃいます。　말씀하십니다.

　　② 申し上げます(申します)。

　　　　말씀드리겠습니다.

(3) 먹습니다

　　① 召し上がります。　드십니다.

　　② いただきます。　잘 먹겠습니다.

2 🎧17-3

〈보기〉
씁니다
① 쓰십니다.
② 써 주세요.

(1) 기다립니다

　　① お待ちになります。　기다리십니다.

　　② お待ちください。　기다려 주세요.

(2) 돌아갑니다

　　① お帰りになります。　돌아가십니다.

　　② お帰りください。　돌아가 주세요.

(3) 갈아탑니다

　　① お乗り換えになります。　갈아 타십니다.

　　② お乗り換えください。　갈아타 주세요.

3 🎧17-4

〈보기〉
제가 안내합니다.
→ 제가 안내하겠습니다.

(1) 짐을 듭니다.

　　→ 荷物をお持ちします。　짐을 들겠습니다.

(2)) 회의 예정을 알립니다.

　　→ 会議の予定をお知らせします。

　　　회의 예정을 알려드리겠습니다.

(3) 차로 바래다주다.

　　→ 車でお送りします。　차로 바래다 드리겠습니다.

4 🎧17-5

〈보기〉
① 미국에 가다　② 안내하다
A : 미국에 가신 적이 있습니까?
B : 아니요, 아직입니다.
A : 그럼 제가 안내하겠습니다.

(1) ① 다나카 씨를 만나다　② 소개하다

　　A : 田中さんにお会いになったことがあり

　　　　ますか。다나카 씨를 만난 적이 있습니까?

　　B : いいえ、まだです。아니요, 아직입니다.

　　A : では、私がご紹介します。

　　　　그럼, 제가 소개해 드리겠습니다.

(2) ① 바비큐를 하다　② 준비하다

　　A : バーベキューをなさったことがありま

　　　　すか。바비큐를 하신 적이 있습니까?

　　B : いいえ、まだです。아니요, 아직입니다.

　　A : では、私がご用意します。

　　　　그럼, 제가 준비하겠습니다.

(3) ① 일본 집에 오다　② 초대하다

A : 日本の家にいらっしゃったことがあり

ますか。 일본 집에 오신 적이 있습니까?

B : いいえ、まだです。 아니요, 아직입니다.

A : では、私がご招待します。

그럼, 제가 초대하겠습니다.

(4) ① 낫또를 먹다　② 주문하다

A : 納豆を召し上がったことがあります

か。 낫또를 드신 적이 있습니까?

B : いいえ、まだです。 아니요, 아직입니다.

A : では、私がご注文します。

그럼, 제가 주문하겠습니다.

듣기 연습

1 🎧17-6

(1) 7時に学校へいらっしゃいました。

7시에 학교에 가셨습니다(오셨습니다).

(2) メールを拝見いたしました。

메일을 보았습니다(見る의 겸양어)

(3) 荷物をお持ちします。 짐을 들어 드리겠습니다.

(4) 夜遅くまでお酒を飲まれたそうです。

밤늦게까지 술을 마시셨다고 합니다.

2 🎧17-7

(1) 타인　(2) 나　(3) 타인　(4) 나　(5) 나　(6) 타인

(1) こちらで少々お待ちください。

이쪽에서 잠시만 기다려 주십시오.

(2) 会社の中をご案内します。

회사안을 안내해 드리겠습니다.

(3) さっき何とおっしゃいましたか。

조금 전에 무엇이라고 말씀하셨습니까?

(4) 社長の奥さんにお目にかかりました。

사장님의 사모님을 만나 뵈었습니다.

(5) アメリカから参りました。

미국에서 왔습니다. (来る의 겸양어)

(6) どんなお仕事をなさいますか。

어떤 일을 하십니까?

쓰기 연습

(1) 先生いらっしゃいますか。

(2) ご案内します。

(3) さくら銀行でございます。

(4) 少々お待ちください。

(5) 私がお持ちします。